How I Trade and Invest in Stocks and Bonds
Explained Completely by Top Trader

威科夫
证券交易策略

❧ 顶级交易员深入解读 ❧

［美］理查德·D.威科夫（Richard D.Wyckoff）/原著
魏强斌/译注

经济管理出版社
ECONOMY & MANAGEMENT PUBLISHING HOUSE

图书在版编目（CIP）数据

威科夫证券交易策略：顶级交易员深入解读/（美）理查德·D. 威科夫（Richard D. Wyckoff）原著；
魏强斌译注. —北京：经济管理出版社，2019.1
ISBN 978-7-5096-6301-1

Ⅰ.①威…　Ⅱ.①理…　②魏…　Ⅲ.①证券交易—研究　Ⅳ.①F830.91

中国版本图书馆 CIP 数据核字（2019）第 017118 号

策划编辑：勇　生
责任编辑：刘　宏
责任印制：黄章平
责任校对：王淑卿

出版发行：经济管理出版社
　　　　　（北京市海淀区北蜂窝 8 号中雅大厦 A 座 11 层　100038）
网　　　址：www. E-mp. com. cn
电　　　话：（010）51915602
印　　　刷：玉田县昊达印刷有限公司
经　　　销：新华书店
开　　　本：787mm×1092mm/16
印　　　张：13.75
字　　　数：214 千字
版　　　次：2019 年 1 月第 1 版　2019 年 1 月第 1 次印刷
书　　　号：ISBN 978-7-5096-6301-1
定　　　价：68.00 元

这位赢家有何独到之处呢？

他有明确的止损规则，这是他区别于大多数人的特征之一。

——理查德·D. 威科夫

导言　成为伟大交易者的秘密

◇ 伟大并非偶然！

◇ 常人的失败在于期望用同样的方法达到不一样的效果！

◇ 如果辨别不正确的说法是件很容易的事，那么就不会存在这么多的伪真理了。

金融交易是全世界最自由的职业，每个交易者都可以为自己量身定做一套盈利模式。从市场中"提取"金钱的具体方式各异，而这却是金融市场最令人神往之处。但是，正如大千世界的诡异多变由少数几条定律支配一样，仅有的"圣杯"也为众多伟大的交易圣者所朝拜。现在，我们就来一一细数其中的最伟大代表吧。

作为技术交易（Technical Trading）的代表性人物，理查德·丹尼斯（Richard Dannis）闻名于世，他以区区 2000 美元的资本累积了高达 10 亿美元的利润，而且持续了十数年的交易时间。更令人惊奇的是，他以技术分析方法进行商品期货买卖，也就是以价格作为分析的核心。但是，理查德·丹尼斯的伟大远不止于此，这就好比亚历山大的伟大远不止于建立地跨欧、亚、非的大帝国一样，理查德·丹尼斯的"海龟计划"使得目前世界排名前十的 CTA 基金经理有六位是其门徒。"海龟交易法"从此名扬天下，纵横寰球数十载，今天中国内地也刮起了一股"海龟交易法"的超级风暴。其实，"海龟交易"的核心在于两点：一是"周规则"蕴含的趋势交易思想；二是资金管理和风险控制中蕴含的机械和系统交易思想。所谓"周规则"（Weeks' Rules），简单而言就是价格突破 N 周内高点做多（低点做空）的简单规则，"突破而做"（Trading as Breaking）彰显的就是趋势跟踪交易（Trend Following Trading）。深入下去，"周规则"其实是一个交易系统，其中首先体现了"系统交易"（Systematic Trading）的原则，其次体现了"机械交易"（Mechanical Trading）的原则。对于这两个原则，我们暂不深入，让我们看看更令人惊奇的事实。

巴菲特（Warren Buffett）和索罗斯（Georgy Soros）是基本面交易（Fundamental Investment & Speculation）的最伟大代表，前者 2007 年再次登上首富的宝座，能够时隔

多年后再次登榜，实力自不待言，后者则被誉为"全世界唯一拥有独立外交政策的平民"，两位大师能够"登榜首"和"上尊号"基本上都源于他们的巨额财富。从根本上讲，是卓越的金融投资才使得他们能够"坐拥天下"。巴菲特刚踏入投资大门就被信息论巨擘认定是未来的世界首富，因为这位学界巨擘认为巴菲特对概率论的实践实在是无人能出其右，巴菲特的妻子更是将巴菲特的投资秘诀和盘托出，其中不难看出巴菲特系统交易思维的"强悍"程度。套用一句时下流行的口头禅"很好很强大"，恐怕连那些以定量著称的技术投机客都要俯首称臣。巴菲特自称85%的思想受传于本杰明·格雷厄姆的教诲，而此君则是一个以会计精算式思维进行投资的代表，其中需要的概率性思维和系统性思维不需多言便可以看出"九分"！巴菲特精于桥牌，比尔·盖茨是其搭档，桥牌游戏需要的是严密的概率思维，也就是系统思维，怪不得巴菲特首先在牌桌上征服了信息论巨擘，随后征服了整个金融界。以此看来，巴菲特在金融王国的"加冕"早在桥牌游戏中就已经显出端倪！

索罗斯的著作一大箩筐，以《金融炼金术》最为出名，其中他尝试构建一个投机的系统。他师承卡尔·波普和哈耶克，两人都认为人的认知天生存在缺陷，所以索罗斯认为情绪和有限理性导致了市场的"盛衰周期"（Boom and Burst Cycles），而要成为一个伟大的交易者则需要避免受到此种缺陷的影响，并且进而利用这些波动。索罗斯力图构建一个系统的交易框架，其中以卡尔·波普的哲学和哈耶克的经济学思想为基础，"反身性"是这个系统的核心所在。

还可以举出太多以系统交易和机械交易为原则的金融大师们，比如伯恩斯坦（短线交易大师）、比尔·威廉姆（混沌交易大师）等，太多了，实在无法一一述及。

那么，从抽象的角度来讲，我们为什么要迈向系统交易和机械交易的道路呢？请让我们给出几条显而易见的理由吧。

第一，人的认知和行为极易受到市场和参与群体的影响，当你处于其中超过5分钟时，你将受到环境的催眠，此后你的决策将受到非理性因素的影响，你的行为将被外界接管。而机械交易和系统交易可以极大地避免这种情况的发生。

第二，任何交易都是由行情分析和仓位管理构成的，其中涉及的不仅是进场，还涉及出场，而出场则涉及盈利状态下的出场和亏损状态下的出场，进场和出场之间还涉及加仓和减仓等问题。此外，上述操作还都涉及多次决策，在短线交易中更是如此。复杂和高频率的决策任务使得带有情绪且精力有限的人脑无法胜任。疲累和焦虑下的决策会导致失误，对此想必每个外汇和黄金短线客都是深有体会的。系统交易和机械交易可以流程化地反复管理这些过程，省去了不少人力成本。

第三，人的决策行为随意性较强，更为重要的是每次交易中使用的策略都有某种程度上的不一致，这使得绩效很难评价，因为不清楚 N 次交易中特定因素的作用到底如何。由于交易绩效很难评价，所以也就谈不上提高。这也是国内很多炒股者十年无长进的根本原因。任何交易技术和策略的评价都要基于足够多的交易样本，而随意决策下的交易则无法做到这一点，因为每次交易其实都运用了存在某些差异的策略，样本实际上来自不同的总体，无法用于统计分析。而机械交易和系统交易由于每次使用的策略一致，这样得到的样本也能用于绩效统计，所以很快就能发现问题。比如，一个交易者很可能在 1，2，3…，21 次交易中，混杂使用了 A、B、C、D 四种策略，21次交易下来，他无法对四种策略的效率做出有效评价，因为这 21 次交易中四种策略的使用程度并不一致。而机械交易和系统交易则完全可以解决这一问题。所以，要想客观评价交易策略的绩效，更快提高交易水平，应该以系统交易和机械交易为原则。

第四，目前金融市场飞速发展，股票、外汇、黄金、商品期货、股指期货、利率期货，还有期权等品种不断翻出新花样，这使得交易机会大量涌现，如果仅仅依靠人的随机决策能力来把握市场机会无异于杯水车薪。而且大型基金的不断涌现，使得单靠基金经理临场判断的压力和风险大大提高。机械交易和系统交易借助编程技术"上位"已成为这个时代的既定趋势。况且，期权类衍生品根本离不开系统交易和机械交易，因为其中牵涉大量的数理模型运用，靠人工是应付不了的。

中国人相信人脑胜过电脑，这绝对没有错，但也不完全对。毕竟人脑的功能在于创造性解决新问题，而且人脑的特点还在于容易受到情绪和最近经验的影响。在现代的金融交易中，交易者的主要作用不是盯盘和执行交易，这些都是交易系统的责任，交易者的主要作用是设计交易系统，定期统计交易系统的绩效，并做出改进。这一流程利用了人的创造性和机器的一致性。交易者的成功，离不开灵机一动，也离不开严守纪律。当交易者参与交易执行时，纪律成了最大问题；当既有交易系统让后来者放弃思考时，创新成了最大问题。但是，如果让交易者和交易系统各司其职，则需要的仅仅是从市场中提取利润！

作为内地最早倡导机械交易和系统交易的理念提供商（Trading Ideas Provider），希望我们策划出版的书籍能够为你带来最快的进步。当然，金融市场没有白拿的利润，长期的生存不可能夹杂任何的侥幸，请一定努力！高超的技能、完善的心智、卓越的眼光、坚韧的意志、广博的知识，这些都是一个至高无上的交易者应该具备的素质。请允许我们助你跻身于这个世纪最伟大的交易者行列！

Introduction   Secret to Become a Great Trader

◇ Greatness does not derive from mere luck!

◇ The reason that an ordinary man fails is that he hopes to achieve different outcome using the same old way!

◇ There would not be so plenty fake truths if it was an easy thing to distinguish correct sayings from incorrect ones.

Financial trading is the freest occupation in the world, for every trader can develop a set of profit-making methods tailored exclusively for himself. There are various specific methods of soliciting money from market; while this is the very reason that why financial market is so fascinating. However, just like the ever-changing world is indeed dictated by a few rules, the only "Holy Grail" is worshipped by numerous great traders as well. In the following, we will examine the greatest representatives among them one by one.

As a representative of Techincal Trading, Richard Dannis is known worldwide. He has accumulated a profit as staggering as 1 billion dollar while the cost was merely 2000 bucks! He has been a trader for more than a decade. The inspiring thing about him is that he conducted commodity futures trading with a technical analysis method which in essence is price acting as the core of such analysis. Never the less, the greatness of Richard Dannis is far beyond this which is like the greatness of Alexander was more than the great empire across both Europe and Asia built by him. Thanks to his "Turtle Plan", 6 out of the world top 10 CTA fund managers are his adherents. And the Turtle Trading Method is frantically well-known ever since for a couple of decades. Today in mainland China, a storm of "Turtle Trading Method" is sweeping across the entire country. The core of Turtle Trading Method lies in two factors: first, the philosophy of trendy trading implied in "Weeks' Rules"; second, the philosophy of mechanical trading and systematic trading implied in fund management and risk

control. The so-called "Weeks' Rules" can be simplified as simples rules that going long at high and short at low within N weeks since price breakthrough. While Trading as breaking illustrates trend following trading. If we go deeper, we will find that "Weeks' Rules" is a trading system in nature. It tells us the principle of systematic trading and the principle of mechanical trading. Well, let's just put these two principles aside and look at some amazing facts in the first place.

The greatest representatives of fundamental investment and speculation are undoubtedly Warren Buffett and George Soros. The former claimed the title of richest man in the world in 2007 again. You can imagine how powerful he is; The latter is accredited as "the only civilian who has independent diplomatic policies in the world". The two masters win these glamorous titles because of their possession of enormous wealth. In essence, it is due to unparalleled financial trading that makes them admired by the whole world. Fresh with his feet in the field of investment, Buffett was regarded by the guru of Information Theory as the richest man in the future world for this guru considered that the practice by Buffett of Probability Theory is unparallel by anyone; Buffett' wife even made his investment secrets public. It is not hard to see that the trading system of Buffett is really powerful that even those technical speculators famous for quantity theory have to bow before him. Buffet said himself that 85% of his ideas are inherited from Benjamin Graham who is a representative of investing in a accountant's actuarial method which requires probability and systematic thinking. The interesting thing is that Buffett is a good player of bridge and his partner is Bill Gates! Playing bridge requires mentality of strict probability which is systematic thinking, no wonder that Buffett conquered the guru of Information Theory on bridge table and then conquered the whole financial world. From these facts we can see that even in his early plays of bridge, Buffett had shown his ambition to become king of the financial world.

Soros has written a large bucket of books among which the most famous is The Alchemy of Finance. In this book he tried to build a system of speculation. His teachers are Karl Popper and Hayek. The two thought that human perception has some inherent flaws, so their students Soros consequently deems that emotion and limited rationality lead to "Boom and Burst Cycles" of market; while if a man wants to become a great trader, he must overcome influences of such flaws and furthermore take advantage of them. Soros tried to build a systematic framework for trading based on economic ideas of Hayek and philosophic thoughts of Karl

Popper. Reflexivity is the very core of this system.

I may still tell you so many financial gurus taking systematic trading and mechanical trading as their principles, for instance, Bernstein (master of short line trading), Bill Williams (master of Chaos Trading), etc. Too many. Let's just forget about them.

Well, from the abstract perspective, why shall we take the road to systematic trading and mechanical trading? Please let me show you some very obvious reasons.

First. A man's perception and action are easily affected by market and participating groups. When you are staying in market or a group for more than 5 minutes, you will be hypnotized by ambient setting and ever since that your decisions will be affected by irrational elements.

Second. Any trading is composed of situation analysis and account management. It involves not only entrance but exit which may be either exit at profit or exit at a loss, and there are problems such as selling out and buying in. All these require multiple decision-makings, particularly in short line trading. Complicated and frequent decision-making is beyond the average brain of emotional and busy people. I bet every short line player of forex or gold knows it well that decision-making in fatigue and anxiety usually leads to failure. Well, systematic trading and machanical trading are able to manage these procedures repeatedly in a process and thus can save lots of time and energy.

Third. People make decisions in a quite casual manner. A more important factor is that people use different strategies in varying degrees in trading. This makes it difficult to evaluate the performance of such trading because in that way you will not know how much a specific factor plays in the N tradings. And the player can not improve his skills consequently. This is the very reason that many domestic retail investors make no progress at all for many years. E-valuation of trading techniques and strategies shall be based on plenty enough trading samples while it's simply impossible for tradings casually made for every trading adopts a variant strategy and samples accordingly derive from a different totality which can not be used for calculating and analysis. On the contrary, systematic trading and mechanical trading adopt the same strategy every time so they have applicable samples for performance evaluation and it's easier to pinpoint problems, for instance, a player may in first, second...twenty-first tradings used strategies A, B, C, D. He himself could not make effective evaluation of each strategy for he used them in varying degrees in these tradings, but systematic trading and me-

chanical trading can shoot this trouble completely. Therefore, if you want to evaluate your trading strategies rationally and make quicker progress, you have to take systematic trading and mechanical trading as principles.

Fourth. Currently the financial market is developing at a staggering speed. Stock, forex, gold, commodity, index futures, interest rate futures, options, etc., everything new is coming out. So many opportunities! Well, if we just rely on human mind in grasping these opportunities, it is absolutely not enough. The emergence of large-scale funds makes the risk of personal judgment of fund managers pretty high. Take it easy, anyway, because we now have mechanical trading and systematic trading which has become an irrevocable trend of this age. Furthermore, derivatives such as options can not live without systematic trading and mechanical trading for it involves usage of large amount of mathematic and physical models which are simply beyond the reach of human strength.

Chinese people believe that human mind is superior to computer. Well, this is not wrong, but it is not completely right either. The greatness of human mind is its creativity; while its weakness is that it's vulnerable to emotion and past experiences. In modern financial trading, the main function of a trader is not looking at the board and executing deals—these are the responsibilities of the trading system—instead, his main function is to design the trading system and examine the performance of it and make according improvements. This process unifies human creativity and mechanical uniformity. The success of a trader is derived from tow factors: smart idea and discipline. When the trader is executing deals, discipline becomes a problem; when existing trading system makes newcomers give up thinking, creativity becomes dead. If, we let the trader and the trading system do their respective jobs well, what we need to do is soliciting profit from market only!

As the earliest Trading Ideas Provider who advocates mechanical trading and systematic trading in the mainland, we hope that our books will bring real progress to you. of course, there is no free lunch. Long-term existence does not merely rely on luck. Please make some efforts! Superb skill, perfect mind, excellent eyesight, strong will, rich knowledge—all these are merits that a great trader shall have to command. Finally, please allow us to help you squeeze into the queue of the greatest traders of this century!

前 言
教学相长的 33 年

在过去的 33 年中，我一直是证券市场最为虔诚的学徒。我是几大交易所的会员，既交易股票，也交易债券。我是一名投机者，也是投资者，我与成千上万的交易者有着密切的交流。

过去的 15 年中，我编辑并且出版了《华尔街杂志》(*The Magazine of Wall Street*)，它现在已经成了全球发行量最大的财经刊物。

交易和编辑的经历使我获得了大量的研究机会，并从研究中获得了宝贵的知识。在研究的过程中，我不仅看到了基本面的驱动力，也看到了群体的影响力。

我将经验提炼成为一套交易理论，进而用于实践当中。这套理论已具雏形，我在本书会介绍一些观点和方法。

我怀抱着两个目的撰写本书。第一个目的是指引那些新手。他们初入证券市场，毫无头绪，被金融市场搞得晕头转向。对于他们来讲，最需要的是了解重要的常识，无论哪个行业莫不如此。我将结合实践来阐述这些重要的常识，力争做到深入浅出。第二个目的是促进自己更加清晰地思考和提高。在撰写《盘口解读》(*Studies in Tape Reading*)（又名《威科夫股票日内交易的秘密》(*My Secrets of Day Trading in Stocks*)）的时候，我发现将自己的想法写下来，将规则诉诸文字，可以帮助我形成和完善理论，有助于进一步提高。

正是因为上述理由，我有条不紊地撰写了本书，希望能够对你有所助益。

理查德·D. 威科夫
1922 年 3 月

目　录

金融交易这一行，入行越早越好，因此能力的获得是需要时间来堆砌的。当然，入行的时候如果能够得到明师的指点，则能够少走一些弯路。

我多年的从业经验表明，如果你想要在金融交易中成功，那么就不能完全忽视技术面。当然，如果你专注于投资，而非投机，那么就需要更多地考虑基本面。此后的阶段，我从投机转向了投资，集中精力研究证券投资涉及的问题。

作为一个金融市场的玩家，财富管理的最后一道流程是稳健的投资，尽量持有那些能够增长的资产；最前面的一道流程则是投机，追逐那些最大的机会；介于两者之间的流程则是兼顾盈利与风险的成长性投资。

我倾向于在金融市场出现恐慌的时候寻找投资机会，整体市况会告诉我是否处于恐慌状态。如果市场给出明确的信号，那么就是我着手进场捡便宜的良机。如果我们能够在市场极端悲观的时候入场买入优质证券，那么不仅能够获取股息或者利息收入，而且还能获得资本利得，这将极大提高整体收益率。

我们进行投资的时候，一定要抱着怀疑的眼光去审视上市公司。要选择那些对全体股东负责的管理层，只有这样的管理层才值得我们托付自己的财产。

　　股市是经济的"晴雨表"，会领先经济和商业形势半年到一年。股价往往"贴现"了一切，因为它反映了各种观点，体现了数百万股市参与者的综合观点。在单个参与者明白之前，股市已经搞清楚了绝大多数情况。市场玩家们通过买卖表达了自己的观点，因此研究大盘和大势就能捕捉到整个市场的情绪和心理。

　　在离场上我采取了分批出场的策略。如果主力在回落后再度出手，将股价推升到一个新的高度，那么，我手头剩下的筹码就能继续挣钱；如果主力放任股价继续下跌，那么我就卖出剩下的筹码，全部离场，寻找新的盈利机会。

　　利弗摩尔同时采纳了时间停损和空间停损：一方面，如果进场后数天之内不赚钱，那么他会离场；另一方面，如果进场后亏损超过一定幅度，他也会离场。我认为他是第一个将停损规则明细化的交易者。现在，设定停损已经成为华尔街的重要规则，成功的交易者都将设定停损单看作是最为重要的原则。无论是哈里曼，还是基恩，或者是其他杰出操盘手都认为停损可以完全限制住风险。

　　有什么样的简单方法能够提高你的投资洞察力呢？我采用的主要方法之一就是密切关注各个行业的发展前景，进行对比分析，找出最有潜力的行业。投资者用不着进行太多的书面研究，通过阅读报纸杂志以及研究报告就能大致看清楚哪些行业有潜力。

　　只有你握有足够的资金，才能在股价大幅下跌后有抄底的能力。对于超跌股，在反弹之后我会适当减仓，然后就可以等到再度下跌时加码。这就是滚动操作的仓位管理策略。尽管市场处于曲折发展中，但是我仍旧能从中获利。不过，逢低加码买入一定要考虑公司的基本面和财务状况，要持续跟踪这些因素。

　　洞察力非常重要，那么如何培养出金融市场上的洞察力呢？可以从以下三个方面入手：第一个方面是驱动面，或者说基本面，上市公司的竞争优势、题材性质、货币政策、经济周期是关键因素；第二个方面是心理面，共识预期、风险情绪、基金和散户仓位是关键因素；第三个方面是行为面，重点是趋势、位置和形态三个要素。

在市场的顶部或者底部，大众的观点往往是错误的。当证券价格跌到很低的位置后，波动率下降了，很多人心灰意冷地离开了市场，大众绝望了，这个时候底部往往就来临了。当股价涨到很高的位置后，狂热的乐观情绪弥漫整个市场，或许有高达95%的人继续看涨，这个时候顶部往往就降临了。在狂热中，大众蜂拥而至，加速上涨赶顶。

任何交易都存在一个最佳的时机，投资也不例外。投资者需要确定这个最佳时机，这需要长期的实践。当然，只有少数投资者明白时机的重要性。为什么许多价值投资分析师时常出错？一个重要的原因是他们忽略了技术面与时机。忽略了时机，就好比一把枪没了扳机。

通过哪些渠道可以了解主力呢？第一，在打开的股票行情软件中按下键盘上的 F10 键查看前十大流通股股东；第二，席位或者说龙虎榜；第三，盘中异动大单；第四，涨跌停板；第五，量比；等等。

第一章

我在金融交易上的第一堂课
My First Lessson in Investing and Trading

> 这是一个收获颇丰的博弈，前提是你需要先投入巨大时间和精力。
>
> ——理查德·D. 威科夫

在我的第一位老板的建议下，我开始研究铁路板块以及其他股票的统计数据。那是 1888 年，我年龄尚小，不过月薪非常高，大概 20 美元。

期间也出现了无数的干扰，以至于我的研究无数次被打断，这样的情况一直持续到 1897 年。在这一年，我将此前总结出来的经验和理论投入到实践当中，买入了一只名叫圣路易斯—旧金山铁路（St. Louis & San Francisco）的普通股，买入价格在 4 美元。

当时，其他一些领涨股的市价如下：联合太平洋铁路（Union Pacific）处在 4 美元；南方太平洋铁路（Southern Pacific）处在 14 美元；诺福克-西部铁路（Norfolk & Western）处在 9 美元；艾奇逊公司（Atchison）处在 9 美元；北方太平洋铁路（Northern Pacific）处在 11 美元；雷丁公司（Reading）处在 17 美元。中肯来讲，这些股票的整体

金融交易这一行，入行越早越好，因此能力的获得是需要时间来堆砌的。当然，入行的时候如果能够得到明师的指点，则能够少走一些弯路。

当一切坏消息都"贴现"到股价中后，那么就会出现股价对利空"麻木"的特征。具体来讲，有哪些股价"麻木"的特征呢？第一，利空不跌，或者是破位后马上收回来，以至于形成"空头陷阱"；第二，成交量非常低迷，股价低位震荡；第三，大众一致看跌，等等。行情在绝望中诞生，这个绝望并非某一个人的绝望，也不是某一批的人绝望，而是绝

大多数人的绝望。投机客关注市场情绪，投资者又何尝不是如此呢？投资者注重估值，而估值与风险偏好，也就是情绪密切相关。

可以将风险看作是潜在的成本，而亏损是实际的成本。无本获利在金融交易近乎是不可能的。亏损的交易是必然出现的。我们能够控制的不是从不亏损，而是让盈利能够超过亏损。怕亏的心理如何去掉呢？在市场中交易久了，你就会对亏损变得迟钝和麻木。

估值水平还是比较低的。为什么会这样呢？因为许多铁路公司正在从困境中走出，或者仍旧处于破产状态之中。同时，针对股息的税收也抑制了大众投资股票的兴趣。

当时的我已经有一些积蓄了，于是开始大举买入。由于我在单只股票上买入太多，以至于经纪商告诉我无法完成这样大的买单，于是我开始买入其他股票。但是，当时可供选择的证券标的其实并不多。

重仓或者全仓买入，是绝大多数人开始其金融交易生涯的常见模式，因为"初生牛犊不怕虎"，他们认为自己足够聪明，资本也足够安全。他们自认为是"投资者"，买入并且持有就是最安全的投资方式。其实，这无非是自欺欺人而已，用了"投资"两个字未必就能带来实质性的安全。

一切证券的价格都处于波动之中，上市公司的内在价值处于变动之中，它们的盈利能力并不是完全稳定的。因此，任何金融交易，无论是投机还是投资都需要面对风险。但是，倘若交易者能够选择恰当的标的，同时把握好恰当的时机，那么盈利的可能性就会大大地提高了。

那时，我习惯于在夜里正襟危坐，认真研读金融报告，推断证券未来的潜在价值。如果我缺乏足够的本金，那么就会进行模拟交易，写下买卖理由，记录下进出的价位和

头寸数目。直到现在，我仍旧记得其中两笔模拟交易：一笔是在 57 美元附近买入芝加哥－伯林顿－昆西铁路公司（Chicago, Burlington & Quincy）；另外一笔则是在 101 美元附近买入了纽约爱迪生电力照明公司（Edison Electric Illuminating of New York）。

为什么我要提到上述经历呢？因为我认为这些经历其实为那些刚刚踏入金融交易行业的新手提供了可资借鉴的经验和方向。正如在其他任何领域一样，长时间的实践和丰富的经验对于成功交易非常重要。从另外一个角度来讲，华尔街的大部分不幸其实都来自缺乏经验。

当你刚踏入华尔街时，最好不要一上来就投入大量的资金。我建议你应该先严肃认真地询问自己是否真的愿意花费大量的时间和精力到这个行当上。**这是一个收获颇丰的博弈，前提是你需要投入巨大时间和精力。**

新手最好先通过模拟交易的方式学习两三年的时间，两三个月的时间是绝对不够的。但是，绝大多数人恐怕都是急于求成的，要他们投入大量的时间和精力去琢磨是非常困难的。当一个新手来到金融市场时，他胸怀远大梦想，根本静不下心来在细节上进步。

许多交易者虽然拥有足够的资金，但是他们缺乏独立分析和决策的习惯以及相应的

就培养能力而言，范例和经验比知识和理论更为重要。金融交易领域，能够成功者凤毛麟角，首要原因在于培养能力所需要的时间很长，大大超过了绝大多数人的预期；其次，金融交易领域并未形成科学系统的能力养成体系，需要靠自己去摸索。书本上的东西如何与现实结合，是否有效都需要经过实践。"交易学"还处于野蛮生长的阶段，离科学化的阶段还有很长的距离。同时，交易是博弈，正如军事理论需要不断革新一样，交易理论也需要与时俱进。有永远有效的基本原则，但却没有万能的战术和战法。

根据我和绝大多数职业交易者过往的经验来看，模拟交易不应该持续超过数月的时间，学习的过程中尽量以小额真实账户为主。模拟交易持续半年以上就没有太大的意义了。为什么这样说呢？第一，模拟交易不涉及滑移价差和市场流动性；第二，模拟交易不会折射出交易者情绪的影响，自然也就无法诊断出交易心理方面的问题，当然也就无法对其进行提高了。

能力。他们总是倾向于从别人那里得到现成的答案，让别人告诉他们应该操作哪只股票。不进行独立思考，盲从他人，这不是我所推崇的投机，而应该是盲目的赌博。

什么是真正的投机？正如托马斯·F. 伍德洛克（Thomas F. Woodlock）所说："**投机涉及睿智洞察力的运用！**"绝大多数人既没有运用洞察力，他们的洞察力也算不上睿智。

进行两三年的模拟和学习，对于本教程的读者而言似乎过于漫长。谁都会因此而失去耐心和恒心。不过，我自己就是在经过长达八年的学习和研究之后才进入正式投资的。此后，又过了六年时间，我才正式进行投机。经过这个漫长而艰苦的努力过程，可以认为我已经对交易进行了全面的研习，那些最有价值的知识和技巧已经被我熟练掌握了。

要想真正理解和掌握投资和投机的精髓，交易者需要全面而系统地去分析。例如，当交易者买入一只股票的时候，尽管已经准确地判断出了市场环境和上市公司的盈利情况，但是仍旧会在判断股价波动上失误。因为股价还会受到其他因素的显著影响。

也就是说，就算一家上市公司的盈利前景和相应的估值都表明这只股票应该上涨，但是实际上却可能因为心理面和技术面的影响而下跌。因此，交易者必须全面思考，考

在威科夫看来，交易者除了关注基本面之外，还需要关注大盘、主力和技术面。

虑到除基本面之外的其他重要因素。具体而言我认为需要考虑到主力、技术面和市场大势。

"欲穷千里目，更上一层楼"，为了更好地研究证券市场，我跳槽到一家规模更大的经纪商，这家公司是纽交所的会员单位。许多大名鼎鼎的交易者就在通过这家券商进行操作，我经常可以在办公室当中看见他们的身影。

正是在这家公司我明白了分析大众观点或者说其他参与者观点的重要性。市场的参与者可以划分为两类，第一类是外围人士（Outsider），他们着重分析技术面，追逐价格的波动；第二类则是内围人士（Insider），他们着重分析基本面，而这些是驱动价格波动的因素。要想彻底把握股价，我们必须同时分析技术面和基本面，当然也就需要同时关心两类市场参与者的想法。

市场可以击溃任何赢家制造的神话。统计数据表明，能够短期操作股价的主力也屡屡犯下和散户一样的错误。在金融市场当中，任何人都可能失误。当然，亏损也不可避免。只不过，优秀的主力和聪明的交易者虽然亏损不少，但是他们的利润总是比亏损大。

交易者有一些错误的倾向，许多年前我在券商工作的时候就发现了这一点。**无论是**

知己知彼，百战不殆。"共识预期"和"对手盘思维"是每一个投机客，甚至投资者都需要搞清楚的东西。关于"对手盘思维"，可以参考《对手盘思维——筹码、盘口与席位的解读与推演》这本书。

人要低调一点，交易者也是如此。低调让你有发力空间，也有退让空间。有空间才有活力，才有生机。

超买和超卖应该与趋势指标结合起来使用。如果股价在均线上方，那么主要采用超卖指标作为买入点；如果股价在均线下方，那么主要采用超买指标作为卖出点或者做空点。超买和超卖属于局部信息，体现了波段；均线与股价的位置关系属于全局信息，体现了趋势。

大资金操作者还是散户，他们都倾向于放任亏损扩大。就算资金规模大了许多倍，也难以克服这种倾向。

交易者这些倾向会体现在市场波动中，它们属于心理层面的因素。接下来，我们探讨一下技术面的因素。

就技术面而言，大盘与大势是最为重要的因素。而技术上的超买或者超卖态势（Overbought or Oversold Condition）也是非常重要的因素，它们会决定股价接下来的波动方向。

盘口也是技术面的重要组成部分。我曾经写作了一本名叫《盘口解读》（*Studies in Tape Reading*）的书，当然这本书又被称作《威科夫股票日内交易的秘密》（*My Secrets of Day Trading in Stocks*）。我花了很多精力和很长时间来写作这本书，这本书将盘口解读的一些基本原则清晰地呈现了出来。

在写作这本书之前，我已经确定了盘口解读的规则。在确定了这些规则之后，我进行了大量的实践。在实践中，每笔交易的规模为 10 手，这一规模其实远远小于此前我的操作水平。为什么我要降低交易规模呢？因为我是在试验。

通过大量的试验，我能够检验和完善此前总结出来的规则，逐步提升盈利能力和水平。在证券公司担任经纪人时，我的目标就

是帮助客户盈利，赚取更多的利润。因为只有他们能够挣钱，才能成为我的长期客户。但是，我不可能永远在证券公司干下去，某天我必定从一个经纪人变成一个独立交易者。庆幸的是，我在许多年前就已经完成了职业生涯的蜕变。

我追求利润，而不刻意追求扩大头寸规模，这是我与许多人的区别。有了利润，自然而然就能扩大头寸规模，进行更大规模的交易。扩大规模是赚钱后水到渠成的事情，但是不能刻意为之。正如《华街杂志》（The Magazine of Wall Street）的专栏作家们经常强调的那样，商人们会将闲置资金投资到优秀的证券上。其实，这也正是我做的事情。我也是商人，我将赚取的利润投到那些良好的资产标的上，这就是我的投资。

现在再回到我最初的证券生涯上，以一种更为客观的视角来剖析我的成长历程。我就职的第一家证券公司规模很小，客户也不多。在这家证券公司，我并没在交易操作上学到什么东西。公司的首席交易者做多交易并不多，不过处于盈利状态。但是，大多数客户并没有掌握赚钱的方法，当然也就没有真正赚到钱。

总有新客户到这家公司开户，在付出了大笔手续费后，他们往往垂头丧气地离开这个行业，他们或许会打心底认为自己没有交

试探后方能逐步加仓，无论是交易方法的实践还是具体的交易都应该如此。试验与试探其实是一回事。"摸着石头过河"就是试验。

凡人重果，菩萨重因。优秀人的努力花在优化流程上，普通人的努力花在了盼望结果上。

易的才华。他们中的大多数人都将交易简单地当作是一项体育运动，顶多就算一场盲目的冒险而已。踏入金融市场之初，他们总是高估自己的能力，结果可想而知。

这些客户的操作大多基于胡乱猜测，偶尔有些闪光点。倘若一个人交易者的对手盘是买高卖低，那么他肯定就能赚钱，但前提是对手盘要犯错。但实际情形是这些客户们的操作反而是非理性的，他们在给自己的对手盘制造机会。

当然，他们的偶尔也会制造出烟花般绚烂的操作。某个客户买入了一些雷丁公司的收益债券，价值在 300 美元左右。通过数年的金字塔加仓（Pyramiding），他持仓的市值最高达到了 25 万美元。不过，由于他并未完全掌握仓位管理，最终昙花一现，现在又跌到了差不多开始时的市值。

在这些客户当中，有一个是真正的市场赢家。这个老头只买入那些评价最高的铁路债券，他全身心投入其中进行研究，将所有节省下来的资金投入到其中。当其他客户都放弃时，他仍旧坚持不懈地进行研究和实践，最终他获得了巨大的成功。这类客户才是证券公司的长期客户，他们的存在是证券公司的荣耀。

反过来，我们看大多数中途放弃的交易者，他们普遍具有一个特征，那就是"小

所有成功，不管是持久的，还是暂时的，都是因为符合了某种客观规律。符合客观规律可能是因为自觉，也可能是碰巧。

赚，大亏"。差不多也是在那个时候，我听到了一个聪明人的故事，此君是布鲁克林人。他善于学习和总结，在数次投机实践之后，他指出："现在我已经明白了这场博弈的秘诀所在——真正的赢家都是小亏大赚的，而输家则是大亏小赚。因此，我应该去开办一家对赌经纪行，大众到我这里来交易时，他们整体上必然是大亏小赚的，那么我就必然是小亏大赚的。"

这个布鲁克林人真的去开了一家对赌经纪行，很快就赚了一笔横财，买下了数家酒店，身价高达数百万美元。他很清楚地知道对于一个新手而言要从金融市场上获取财富是非常困难的。他明白自己尚不具备这样的能力，要在短期内培养起这种能力也是不现实的，于是他转而选择做大多数交易者的对手盘，他开了一家对赌经纪行，这样就可以赚大钱了。

我就职的第一家证券公司，虽然缺乏有利于投机的氛围，但是却非常有利于进行投资。但对于当时的我而言，投机才是我的主要事业，于是我跳槽到另外一家公司。

这家证券公司架设了专门电话专线，有许多分支机构，客户数量众多。一些金融界的重量级玩家也通过这家证券公司进行交易，他们的操作非常成功，值得学习和效仿。我从这些市场赢家那里学习，求取"真

从宏观角度来讲，停损限制了"黑天鹅"的负面冲击。

经"，最终确实学到了一些精髓。

其中一位赢家是一家电信公司的高管，我们公司正是通过这家电信公司架设了电话专线。**这位赢家有何独到之处呢？他有明确的停损规则，这是他区别于大多数人的特征之一。**当他进场时，会设定一个幅度为2个点的初始停损。另外，他会选择活跃品种进行操作，这些个股成交量很大，波动幅度也很大。他持续在市场中获利，在我记忆中他是所有客户中唯一一个持续盈利的人。他的交易规模维持在200股左右，平均幅度基本能够完全覆盖2个点的亏损和佣金成本。

从他那里我认识到了停损的重要性。1893年，我还在这家证券公司工作，金融市场出现了大恐慌。当时，通用电气（General Electric）从114美元跌到了20美元；美国绳索（American Cordage）的股价则持续暴跌，最终到了"成仙"的地步。经过这次大恐慌，我意识到停损的必要性。在投机中，如果交易者不限制亏损，则会遭遇巨大的挫折，必然会遭遇破产风险。

1890年，伦敦的巴林银行（Barings Bank）引发了金融市场的恐慌，不过当时我并未近距离地见证大佬们在其中的操作，因此对这次大恐慌的印象要淡一些。这次恐慌再度证明了停损的必要性。

数年后，我在华尔街一家雄心勃勃的大

每一波金融泡沫和恐慌崩盘都表明了趋势跟踪的优势。而停损则是趋势跟踪的重要原则之一。

型券商那里谋得一个职位。这家公司的分支和信息收集人员遍布全美，拥有专门的电话线路，客户数量庞大，公司与许多重量级人物的关系密切。这些因素综合起来推动这家快速成长为最大的证券公司之一。

我在这家公司就职后，获得了一个更加广阔的视角来观察和分析金融市场，从证券到大宗商品都在我的视野之内。

在这家公司，我发现一些人短期暴富之后，由于不能胜任大资金的操作，很快又被打回原样。从这个角度来看，账户规模的逐渐增长并非坏事。

让灵魂跟上脚步。

我当时所在的这家公司也会为波士顿、费城和芝加哥的大型券商提供电报和电话服务，这些公司会通过我们的通信网络进行交易。虽然我能够通过公司的名字判断出经手的交易指令属于哪家公司，但是无法知道具体是哪个客户下达的委托。

从这些交易中，我发现了两种截然不同的操作思路。第一种思路是重仓杀进杀出，毫无章法，这类交易者生怕错过了任何市场波动和利润。这样的操作往往导致追加保证金，最终招致破产。这类交易者无论是在纽约还是在其他地方，他们的交易方式是错误和无效的，结果自然不会好。

顺势加仓和顺势减仓，你如何看待两者？

第二种思路则是逐渐加码买入那些优质的证券，比如艾奇逊公司的高等级债券、诺

投机者必须能够识别和把握热门板块，如果不能从热门板块中挣钱，那么投机者就不要指望能够从股市中挣到钱。

经历过完整一轮牛熊的投机者才能够谈得上合格。

价值投资如何与趋势跟踪结合起来？公司与估值分析如何与均线结合起来使用？

福克西部铁路优先股、联合太平洋铁路优先股，以及那些刚刚走出破产状态公司的债券或者股票。在这种思路下交易者会逐渐加码买入，而不是一次性地重仓买入。这类交易者倾向于稳健地操作，而不是盲目地操作。

在那个时代背景之下，铁路股是领涨板块，大量的铁路股被西部交易者持有。当然，芝加哥周围也分布着大量的铁路线，因此芝加哥周围的交易者也非常熟悉和热衷于铁路股的操作。

在麦金利（Mckinley）于1896年第一次竞选总统时，一轮牛市开始了，持续了好几年的时间。在这轮牛市期间，联合太平洋铁路、雷丁公司以及艾奇逊公司等铁路股票从破产重组走出，价格大幅上涨，有数倍之多。这一波牛市让我学到了许多东西，受益匪浅。

在这轮牛市中，获得最大的客户是那些深谋远虑、富有洞察力的交易者，**他们在牛市启动之前发掘了被严重低估的股票**。在牛市中他们一路坚定持仓，当市场出现极端狂热时他们则会趁机撤退。他们总是将亏损幅度限制到很小，因此一笔成功交易带来的巨额利润足以覆盖此前的亏损，并且产生巨大的累计利润。

在这家证券公司工作的四年当中，我学到了许多投机方面的知识，积累了丰富的经验。我认识一些驰骋股海的顶尖高手，见证了牛市中那无穷无尽的暴利机会，这些机会可以让一个小额账户变成大额账户。弗洛尔（Flower）以前是州长，后来从商，将那些处于破产边缘的公司起死回生。在这波牛市中他非常有号召力，许多人专门操作他管理的公司，与他相关的股票总是得到市场的追捧。不过，当市场传闻他在长岛钓鱼因为饮食意外离世时，次日开盘与他相关的个股普遍暴跌。此前，那些重仓"弗洛尔概念股"的人都收获巨大，但这次却栽了跟头。

在牛市中，小资金也能发迹。有一位同事只有一点钱，他开了一个小账户买了一点股票，**随着浮盈增加他不断加码买入**。最终，他的账户净值达到了 3000 美元，这在当时是非常大的一笔钱。毕竟，他当时的周薪只有 30 美元，这相当于他接近两年的薪水了。

投机的最高秘诀是什么？

这位同事并非根据基本面的消息来操作，他完全根据价格波动进行交易。他专注于美国糖业（American Sugar）和布鲁克林捷运公司（Brooklyn Rapid Transit）两只股票的操作。

当他觉得差不多了之后，就兑现了 3000 美元的利润，买了一所房子，这就是落袋为安。一旦钱从市场上拿走，无论多么利害的玩家都无法夺走它们。

图表是不是完全不能够预测？当然不是！那么预测是否是图表最主要的功能呢？在我看来，图表的首要作用是管理仓位，其次才是预判。

他继续绘制和保存市场走势图表，认真研究它们，寻找新的机会，这就是"图表狂魔"（Chart Fiends）的标准做法。当时，保存和研究市场图表是一种预判未来的方式。在经纪公司的办公室里面，充斥着痴迷于走势图表的人。他们高谈阔论，经常提及比如双顶（Double Tops）和双底（Double Bottoms）之类的概念。他们会通过图表去推测庄家的动向和意图，不过这类交易者大多是散户，资金不多。

如果不能恰当地对待和分析图表，就会反受其害。大多数图表运用者都缺乏独立思考的能力，他们被一些迷信所牵引，陷入了困境。多年之后，他们越来越迷茫。

能够把握市场脉动的成功者凤毛麟角，不过肯定存在。学习和复制他们的思路是我在证券公司的主要目的。他们当中许多人坚信应该倾听市场的声音，市场会预示未来的趋势。于是，我沿着这条思路深入研究下去。

驱动面、基本面如何与行为面、技术面结合起来，心理面这个桥梁不可忽视。

这条思路是沿着技术面走下去的，不过却并不干扰基本面的研究，能够与公司业绩和估值的研究相辅相成。在大多数情况下，我发现市场波动与基本面是相符的。

说到庄家对股价的操纵，无非是服务于三个目的之一：驱使大众买入、卖出或者观望。**整体而言，庄家与大众的操作是相反的。**

我进入美国证券市场的时候，上市的股

票并不多，不过数量不断增长。在那个时代，詹姆斯·R.基恩（James R. Keene）是市场的灵魂人物，号召力很大。洛克菲勒（Rockefeller）财团也活跃在证券市场上。

那时，摩根（Morgan）的钢铁托拉斯（Steel Trust）还未成形，图1-1是美国钢铁（U. S. Steel）的四巨头。

Marers of U. S. Steel History

Four of the chief figures in the organization and administration of U. S. Steel Corporation whose shares have long been among the most popular investment mediums.

图1-1　美国钢铁的四巨头

特定的时代背景下有着相应的最有效策略。为什么基恩这样的人物在"二战"之后的美国证券市场没有出现？为什么格雷厄姆的理论不是诞生在基恩叱咤风云的时代？

盖茨（Gates）和哈里曼（Harriman）才刚刚出现在大众的视线之中，古尔德（Gould）也还未步入如日中天的巅峰。这些大佬们相互配合操纵股价，同时大众参与股市的热情也很高。尽管如此，那时的成交量也远逊于现在的水平。

E. H. Harriman

One of his principles was "I am not interested in ten percent; I want something that will grow".

图 1-2　哈里曼

在掌握足够多的投机知识之后，我开始尝试基于市场波动进行分析和操作。趋势是

我分析的重点所在。道氏理论（Dow's Theory）在判断趋势方面非常有价值，给我留下了深刻的印象。

我对道氏理论进行了全面而深入的研习，非常了解其主旨和思想。道氏理论认为市场存在三个层次的波动：第一个层次是持续数年的主要运动，一般称之为牛市或者熊市；第二个层次是 30 日到 60 日的次级折返运动；第三个层次是日内杂波。如果交易者能够合理地利用道氏理论，则可以从中获得巨大的收益。

我对所有与证券交易相关的理论都如饥似渴，不过只有很少的理论和交易者能够提供有价值的指引。因此，在前进的道路上我不得不独行。路程曲折而漫长，或许是因为我还不够聪明，不过进步是持续的，我将在下面的章节进一步陈述和展示这些可贵的进步。

道氏理论的核心在于分析趋势，海龟理论的核心在于跟随趋势。真正顺势而为的可能还是后者。

第二章

在证券经纪和媒体领域的盈利经验
Profitable Experiences in the Brokerage and Publishing Fields

> 通过反思和总结自己的经验，同时研究别人的方法，我显著提升了解读盘口和趋势的能力。
>
> ——理查德·D. 威科夫

在积攒了足够的资本之后，我开始创业。我辞掉了在证券公司的工作，开始开展未上市证券（Unlisted Securities）方面的业务。我与他人合伙，开了一家证券经纪公司，这家公司是纽交所的会员。我负责管理这家公司，因此有了机会观察客户们的交易思路，特别是一些主力的操盘策略。

通过持续的观察，我得出了三个明确的结论：

（1）大部分买卖证券的参与者们其实对于这个行业缺乏了解。

（2）他们倦怠于思考与分析，不愿意独立思考。他们没有学习和研究的热情，但却醉心于小道消息和他人的建议。

（3）尽管交易能力的培养基本靠自己，但是在这条自学之路上却缺乏足够的学习材料。

脑力劳动比体力劳动更消耗精力和能量，体力疲劳比脑力疲劳更容易恢复。累了却又睡不着，这是脑力劳动者的最大特征之一。

金融交易是非常难以胜任的工作。你会惊讶地发现那些聪明而成功的商界人士一旦踏入华尔街就会变得愚蠢鲁莽起来，失败和破产如影随形。

经历多年的股海浮沉之后，我能够冷静而客观地看待市场，不过仍旧不断努力提高洞察和把握市场的能力。这些年，在我的帮助下许多人赚到了钱，但是却只有很少的人能够自食其力。大部分的人还是倾向于依赖他人，他们懒于学习，在情绪的驱动下杀进杀出，盲目交易。

当我经营自己的经纪公司时，有位客户的表现让我彻底搞明白了交易者们的普遍特征。这位客户在交易的时候总是被眼前的波动所蛊惑，情绪随着波动起伏，他缺乏系统的方法去分析和追随趋势。他的习惯思路和做法总是与职业交易者相反。

我多年的经验表明，如果你想要在金融交易中成功，那么就不能完全忽视技术面。当然，如果你专注于投资，而非投机，那么就需要更多地考虑基本面。此后的阶段，我从投机转向了投资，集中精力研究证券投资涉及的问题。

1907 年，金融大恐慌来袭。期间我创办了《华尔街杂志》（*The Magazine of Wall Street*），这本杂志又被称为《股票行情》（*The Ticker*）。此后，这本杂志开办之后，

> 价值投资，题材投机。题材带来泡沫，带来趋势，而泡沫和趋势带来机会。

大量的读者来信咨询解读市场波动的方法；同时，我也收到大量的稿件，涉及如何解读市场波动。大众在寻找能够完全解读市场的终极方法。当然，这种方法并不存在，但是**通过反思和总结自己的经验，同时研究别人的方法，我显著提升了解读盘口和趋势的能力。**

通过解读图表和盘口可以提高自己洞察和把握市场波动的能力，为什么会这样呢？从走势图表到统计图表，无论是个股还是板块的图表，都体现了所有市场参与者的集体心态。我独立分析这些图表，而不是轻信他人的观点，这样**才能搞清楚图表背后的群体心理**。通过剖析参与者的心理，才能把握市场的脉络，也才能找到真正有效的分析方法。

走势图表经常为人所诟病。事实上，大多数问题并不在图表本身，而是被懒惰的人误用了。图表在各个行业被广泛使用，用来呈现问题和解决之道，企业的经营状况和行业发展也可以通过图表来展示。或许只有极少数行业不会采用图表。毕竟，除了图表之外，还有什么工具能够如此直观地呈现出那些复杂的逻辑关系呢？

除经纪公司之外，我还涉及了出版，而这也成了引人注目的做法。读者们从各种角度参与到理论的讨论中，我从他们的来信中又受益甚多。我会吸纳一些有价值的观点，

向一切人学习，特别是高手和对手，还有自己的失败与成败。

心理面与技术面究竟有怎样的关系？可以通过技术面解读心理面，例如，主力的成本和仓位。那么，是否能够通过心理面推断未来的技术面呢？例如，通过财经媒体头条和分析师情绪预判接下来的股价波动。华尔街有一家基金，通过大数据分析模型跟踪网络关键词，进而可以把握未来热点和个股的短期波动，这可能就是从心理面推断技术面的典范之一吧。

教学相长，相得益彰。

忽略那些无效的建议，然后不断完善自己的理论和策略。这套思路是清晰无疑的，只要能够遵照其原则操作，那么必然会取得成功。

在证券市场上许多人都希望通过研究报价数据来捕捉市场的波动，这也是我的需要之一。于是，我边实践、边总结，最终形成了《盘口解读》（又名《威科夫股票日内交易的秘密》）这本书。这本书多次重印，数次修订再版。最初，这本书的内容在《华尔街杂志》上连续刊载。

即便到了今天，这本书提出的主要原则仍旧是有效的。当然，一些人认为提出理论是一回事，实际赚钱则是完全不同的另外一回事。实际上，读者们的证言和业绩可以表明他们确实从中收获甚多，累计起来他们的获利超过数百万美元。我自己多年的账户增长也是有目共睹的。

无数人的实践表明，这套盘口解读的方法是有效的。在《威科夫股票日内交易的秘密》这本书中，我告诫读者如果想要从解盘交易中挣钱，那么盈利必须能够覆盖各种成本。如果你的盈利目标是 5 个点到 20 个点，那么更容易实现，能够最大化利润。设定了合理的利润目标之后，我能够更加轻松地应对交易，而不必紧盯着盘口情绪跌宕起伏。

筹码变化可以从哪些地方分析？第一，成交量；第二，盘口数据；第三，席位；等等。

就个人经验而言，我发现 30~60 日的市场运动是利润的最大来源。这类行情中的筹码交换非常明显，从主力吸纳筹码到最后的派发筹码都容易识别。我们以上涨行情为例来说明任何一个主力运作计划都会包含的三个阶段：

第一个阶段，主力首先会吸纳筹码，这个阶段会持续数周到数月。

第二个阶段，股价处于上涨中，利多消息和追涨行为充斥其间。经过这个阶段之后，股价就进入到下一个阶段。

第三个阶段，是主力派发筹码的阶段，由于前期股价上涨，现在主力就有了足够的利润空间来卖出股票。

上面是主力做多的三部曲，如果主力做空的话，也可以划分为三个阶段，那么主力的获利程度就与下跌幅度密切相关了。

主力在运作股票的时候并没有非常精确的利润目标，或者说价格目标。在上涨过程中，就算你大致推测出了上涨目标点位，实际的涨幅仍旧可能远远超出这个幅度，因为主力吸纳筹码的位置是一个区域而并非一个点位。同样，当主力派发筹码的时候，他的卖出动作发生在一个区域，而并非一个点位。

例如，某个主力可能在 50~60 美元吸纳筹码。他计划在 80 美元卖出，但实际卖出的低点可能分布在 70~80 美元以上。

我在上面的陈述是为了展示个人的思路，如何解读盘口和走势。我的思路是寻找

大额亏损会大大地损害你的心理状态，很多人因此放弃。在学习阶段，不要给自己造成巨大的挫败感。

并且推断出主力们普遍采用的操盘路径。如果我能够跟随和模仿他们的操作，那么成功就大有希望了。毕竟，职业交易者比起业余选手而言，有太多的优势了。

一旦想要试验某种理论或者方法时，我会采用较小的仓量，此前已经提到了这一点。如果足够的样本表明这种理论或者方法存在问题，那么我会终止试验，进行总结和完善。倘若在试验过程中，我违反了一致性原则，没有遵守规则，也会就此打住，回到正轨上。如果市场运行机制出现重大变化，我也会做出相应的调整，进行新的试验。通过长期坚持进行试验，我的市场经验迅速增长，方法也不断完善。

交易者必须通过实际地操作才能形成符合自己特点的策略和方法，最终才能在市场中获得成功。在实际操作的过程中，我发现自己缺乏足够的耐心，很难持仓等待行情充分发展，因此我倾向于频繁交易，最后经纪商从我账户上挣的钱比我还多。

除缺乏耐心之外，我有时候会在观察跟踪市场波动的时候走神。这对于解盘交易者而言是危险的。不过，经过不断地实践和反思，我逐步克服了上述缺点，最终步入了成功之路。

正如我在《威科夫股票日内交易的秘密》指出的那样，如果缺乏系统的决策方式和足

学习阶段的原则是以极可能少的成本获得足够的经验；运用阶段的原则是在保护大部分本金的前提下尽可能多地盈利。很多人在学习阶段却抱着运用阶段的目标，当然也就容易遭受巨大的挫折了。

够的市场经验，那么就只能盲目操作。

　　当积累起足够的市场经验，并且形成了一套系统的决策思路之后，我已经能够大致准确地判断出 10~20 个点波段行情的转折点。当然，我也明白了盈亏比的重要性。在金融市场当中，任何一个参与者都应该明白盈亏比的重大意义，只有当利润大于亏损和一切成本之后，才能真正取得成功。

　　许多人对于金融市场的盈利潜力存在幻觉，他们认为只要是市场上的成功者，那么赚取几百万美元的巨额利润都不是难事。他们认为只要你掌握了赚钱的诀窍，那么就能轻易地赚到大钱。其实，这是一种幻觉。

　　在金融市场中，极少数经验丰富的大佬们确实会在天时、地利、人和都出现的情况下获得暴利，但是相反方面的事实却被刻意忽略掉了——他们也会在某些情况下出现大亏。能够赚取巨额利润的人，同样也会面临巨额的亏损，爆仓会成为家常便饭。

　　我非常谨慎，因此从来没有爆仓。我希望稳健地增长，而不是承受过大的风险。当然，我也经历过市场恐慌时的暴跌，但是亏损并不严重。毕竟，我从未奢望在短期内暴利。我严格控制仓位，持仓资金从来不会超过账户资金的 10%，控制在 5%~10%。我不想突然变得一贫如洗，也不想再遭受意外的巨大挫败。

　　投机是以小博大，投资是以大博更大。作为一个金融玩家，前期以投机为主，后期以投资为主。

我从事投机，但是并不像其他投机客那样不断将利润投入到更大规模的投机之中。我先从投机中挣得利润，然后再将这些利润进行投资，买入安全的分红股和债券，这样我的资产就能稳健地增加。

利用小额资本进行投机会带来极大的成就感。为什么这样说呢？原因有很多，我仅仅列举两点：第一，你是在利用非常少的一笔钱来博取巨大的利润，这个过程非常刺激，一方面你抱着雄心，另一方面你还需要谨慎；第二，风险整体而言比较小，而潜在利润却非常大。两种情况：一是用 5000 美元挣到 1 万美元，二是用 2.5 万美元挣到 1 万美元。两种情况下，你都挣到了 1 万美元。但比较起来，第一种情况更让交易者满意。

如果有 3000 美元的本金，那么我会专注于一只股票的操作。当这只股票每次能够给我带来 12~15 个点的利润时，我就非常满意了。我非常喜欢操作美国钢铁这只股票，**这是一只活跃股**。与其他个股比较起来，它带给了我最丰厚的利润。

数年之前，我有许多事务需要处理，因此不能全天候地盯着盘面变化，不过我会常常等待美国钢铁的股价来到**最佳点位**，然后出击。当美国钢铁来到这些最佳点位后，往往会出现大幅波动。因此，当股价位于最佳

Jesse Livermore 和威科夫都提到了"关键点位"或者说"最佳点位"。威科夫早年曾经采访过 Jesse Livermore，因此可以认为威科夫受到了 Jesse Livermore 的影响。那么，如何确定"关键点位"呢？前期高点和低点是非常重要的，其次才是百分比点位。斐波那契点位是百分比点位中最为重要的一类。

点位时，我会买入或者做空 300 股。

进场时，我会马上放置初始停损单，幅度是 3 个点。随着行情朝着有利方向发展，我还会每隔 2 个点加码 100 股，跟进停损单的幅度也是 3 个点。

如果我是做多，那么当股价上涨 10 个点之后，则会停止继续加码买入。这样我就持有了 800 股，如果股价继续上涨，那么我会跟进停损，即便股价回落我也有数千美元的利润落袋。

在形成自己交易策略之后的几年当中，我交易的次数并不多，大概只参与了几次美国钢铁。每次投入的保证金为 3000 美元，净利润则在 2 万美元上下。因此，我承担的风险较小，但是利润幅度却非常大，这就是真正优秀的交易。

通过一次成功的交易，我获得了足够的利润，这些利润会作为本金参与到下一次交易之中，这就极大地利用了复利原理，资金会迅速增长。

不能利用复利原理的交易者，绝不会有大成就！

我不能保证任何人都能按照这样的思路在金融市场上获得成功。我说这样的目的是想证明确实有一些交易策略存在优势。在金融交易中，我提醒自己减少风险暴露，同时提高自己的胜算率，这就好比在海战中用舰端而非舰身对敌一样。

制造一个容易取胜的格局和形势。

许多人采用类似的策略在华尔街中生存

和壮大，或许你没有听说过这些人的名字，因为他们非常低调。他们的名字不会出现在媒体上，他们也不愿意向公众吐露任何心得体会。

数日之前，有一个老友向我提及了一个水平很高的交易者，他是纽交所的场内会员："这个交易者是我见过的最优秀的投机客。**他会认真地观察某只股票，当这只股票出现行情爆发的征兆时，他会立即买入 500 股左右。如果股价继续上涨，那么他每隔一段幅度就会加码买入一次。如果在他买入 500 股之后，股价出现两到三个点的下跌，那么他就会认为自己的判断是错误的，于是立即停损离场。**此君现在已经腰缠万贯了，能够一次性交易 1 万股，他已经算得上是一个成功的交易者了。"

不过，并非所有的人都适合金融交易这个行当。无论是艺术还是商业，不管是哪个行业，能够出类拔萃的人毕竟是少数。而**在金融市场中，赢家都是少数派。**

许多人都接受过相关的商业培训，这对于实业经营是有利的，但是对于金融交易，特别是投机，却并不适合。我认识一个人，在地产商业方面颇有建树，但是确实最差劲的交易者。在地产方面，他的主要策略是在城郊大举买入地产，在价格上涨有可观利润之后就卖出。

截短亏损，让利润奔跑，这个原则如何具体实现呢？光是初始停损和跟进停损就足够了吗？

他将这个思路运用到了股票交易上：买入大量看似廉价的股票，持有数月到数年，等待股价上涨。他的头脑中并没有趋势这个概念，他不知道股票的基本面这回事，只看绝对价格的高低，最终的结果可想而知。照搬地产界的思路到金融交易中，这就是此君的问题所在。

另外，在实业领域，商人的盈利之道在于先低价买入，再高价卖出，除去一切成本之后如果有 10% 的净利润就算不错了。不过，金融领域却并非如此。在金融交易中，你有可能是先卖出，再买入，也就是说先做空，再回补。

商人们在熟悉的领域进行贸易时，会基于供求来研判市场，但当他们来到金融领域时，却并不熟悉研究供求的技术工具，他们需要多年才能掌握这一工具。即便掌握了这套分析工具，也会遇到市况不佳的时候，这个时候"巧妇难为无米之炊"。

厂商可以先接订单，然后再组织生产，这相当于是先做空，再回补。但是，他们却很难理解金融市场上的做空行为。

因此，如果你想要摆脱上述尴尬境地，就必须在进入金融市场之初接受一些恰当的培训，这是非常必要的。

当然，我们要区分投机和投资。这是两种截然不同的金融交易之道。对于两者的区

如何定义趋势？第一，均线法；第二，突破法。当然还有其他方法，不过这两个是最为重要的。

别，稍后我会略作解释。

现在，我们先讲讲投机的一些重要原则：

第一条原则是 **"最重要的因素是趋势"**。倘若交易者能够顺应趋势，与趋势和谐共振，那么你的胜算率就是逆势而为时的 3~4 倍。具体来讲，如果趋势向上，那么做多更容易获利；如果趋势向下，那么做空更容易获利。相反，如果趋势向下，你却买入，那么只能抓紧时间离场。

第二条原则是 **"务必限制风险"**。无论是从我个人亲身经历出发，还是从其他成功者的经验出发，都能证明这一原则的正确性和重要性。**如果你的交易违背了这一原则，那么就必然会出现重大的亏损。**

风险报酬率或者说盈亏比应该是 3~4 倍。

第三条原则是 **"预期利润至少应该是风险的 3 倍或者 4 倍"**。交易肯定会出现亏损，但是交易者应该尽量限制风险，降低成本，同时应该扩大利润。跟进停损是一个重要的措施。另外，交易者还可以采用混合头寸，达到盈利目标后先平仓一半，剩下另外一半跟进停损。这样的操作能够平衡风险与收益，也有助于维持一个良好的心态。在《华尔街杂志》过去的专栏文章中，我们多次论述了相关主题，大家可以参阅。

关天豪的 "5 分钟动量交易系统" 就利用了混合头寸的思想。

第四条原则是 **"既会做多，又会做空"**。如果一个人只能做多，不会做空，那么也就无法成为一个出色的投机者。当然，作为一

个投资者，他并不需要做空的能力，他只需要在恐慌性下跌中逢低买入即可。当股价跌到内在价值之下，存在显著被低估的情形，那么投资者就可以趁机买入。

第五条原则是"**参与活跃股**"。对于投机者而言，只有那些交投活跃且波幅显著的个股才有赚钱效应。如果投机者被困在一只毫无生气的个股上，那么就会失去盈利丰厚的机会。这一点上与商业贸易有共同之处。一个优秀的商人应该着力于提高周转率，因为周转率太低，则整体盈利必然少很多。一个投机者也需要提高资金的周转率，不停捕捉最大的机会。

第六条原则是"**应该将交易当作职业来做，否则就不要参与其中**"。任何一门职业都需要专门的知识和技能，无论是矿业还是制造业，或者是医疗行业，只有接受了专门的培训才能上岗。证券投机也是一项职业，需要专门的技能和知识，而这些其实都需要培训才能学会。所谓的培训并非偶尔参与的短训课程。除非你真具备相应的素质来接受系统的培训，以便成为一个合格的投机者，否则最好的选择还是当一个投资者。

乘势、当机和借力，智者所为也！

什么股票算得上是活跃股呢？第一，最近一段时间出现过带量连续三板涨停的个股；第二，当日盘口出现机构大单的异动股；第三，最近上了龙虎榜的个股。当然，还有其他一些手段，这里不再一一展开。

投机为什么比投资难？因为投机的理论化程度要远逊于投资。大众所了解的关于投机的理论大多都是一些假说与迷信的混合，缺乏系统性和科学性。

第三章

买入的理由
Why I Buy Certain Stocks and Bonds

投资不是靠自己的操作赚钱，而是靠资产在赚钱。当然，如果我选择了一个较好的时机投资，则不仅可以赚取红利，还能够赚取买卖的价差。

——理查德·D. 威科夫

有一句古老的华尔街谚语说："获取财富要比保住财富更容易！"我十分认可这个道理。因此，我不仅需要获取财富，还需要保住财富，并且让财富增长。

保住财富是财富管理中最大的难题。**作为一个金融市场的玩家，财富管理的最后一道流程是稳健的投资，尽量持有那些能够增长的资产；最前面的一道流程则是投机，追逐那些最大的机会；介于两者之间的流程则是兼顾盈利与风险的成长性投资。**如果你能做好这些，那么你不仅能够获取财富，也能够保住和增值财富。

什么算得上是稳健的投资呢？我偏好一些信用等级较高的证券，例如，专用设备融资债券（Equipment Notes），这些债券是铁路公司为了购买机车而发行的。铁路公司会先行支出 10%~20% 的本金，剩下的本息则会在 10~20 年内分期偿还。随着偿还过程进

让财富增长的最重要法则是什么呢？巴菲特认为是"滚雪球"，"最长的坡，最湿的雪"；理查德·丹尼斯认为是"截短亏损，让利润奔跑"。你的答案呢？其实，复利原理才是上述回答的根基所在。

稳健性投资、成长性投资和投机，这就是威科夫的资产组合。

行，待偿付金额将逐渐减少，债券的信用等级会上升，因此这是一项稳健的投资工具。

虽然美国铁路行业的发展面临各种阻碍和困难，但是专用设备融资债券并未出现违约的征兆，因此这类债券是投资标的中非常安全的一类。

短期票据（Short Term Notes）则是另外一类我偏好的安全投资工具。短期票据的收益非常有保证，如果你有一笔短期闲置的资金则可以用来投资短期票据。从我的经验来看，这些短期票据的收益往往会超出预期，有时候甚至比债券的收益还好。

格雷厄姆在《证券分析》中用了很大的篇幅来分析债券投资。

在购买债券的时候，我也很看重价格的高点，便宜的可转换债券是我偏好的标的。当然，债券也隐藏着一些风险，**特别是当债券快要到期时，公司的所有问题可能会暴露出来**。因此，投资者必须对债券发行主体进行审慎的研究和分析。

债券的安全程度如何衡量呢？第一，公司的偿债能力如何；第二，公司的规模如何。我偏好那些偿债能力较强的大公司，例如，联合太平洋铁路公司、油田类公司、南方太平洋铁路集团的子公司、宾夕法尼亚铁路公司（Pennsylvania Railroad）等发行的债券。

投机的关键是什么？投资的关键优势什么？人的精力是有限的，先找出关键再努力！

我的目标是**通过证券投机来获取足够的投资资金**。当我进行投资时，我并不认为是在靠买卖价差赚钱，而是因为资产本身的增

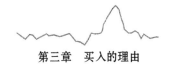

值。**投资不是靠自己的操作赚钱，而是靠资产在赚钱。**当然，如果我选择了一个较好的时机投资，则不仅可以赚取红利，还能够赚取买卖的价差。

在这一点上，我非常赞同哈里曼的观点——"我并不在乎价差带来的 10% 利润，我在乎的是资产能否自我增值！"因此，在投资的时候我会选择那些增值潜力很大的证券，放弃那些缺乏潜力的证券。

当然，"萝卜青菜，各有所爱"。**金融市场上存在各种玩家，**有些人喜欢买入那些信用等级较高的债券，尽管这些债券的收益率较低；另外一些玩家则喜欢优先股。优先股的股息率在 6.5%~8%，它并不是债券，它没有到期日。如果你买入了质地不错的优先股，那么就能一直享受分红。还有一些玩家则只喜欢买入那些优秀的普通股，他们不仅可以分红，还可以获得增值收益。

在金融市场上，任何玩家都会犯错，这是不可避免的，关键是如何将犯错的成本最小化。我的想法是在最佳的机会上配置最多的资金，这样可以降低出错的概率，同时最大化利润。一旦我建立起一套高效的方法，**我就能够享受它带来的复利。**

随着经验的增长，我洞悉机会的能力越来越强，自然也就发现机会实在是太多了，资本周转率提高了，几乎没有闲置的可能。

了解典型玩家的行为，就是在了解对手盘。

一方面我会以部分资金投资那些最安全的资产，另一方面我也会参与价差变化带来的投机机会。不过，整体而言，我更加重视资产增值，而不是价差。

当然，在投资方面，我更倾向于股票，而不是长期债券，毕竟我才46岁，长期债券虽然安全但收益却很低，远不及那些有潜力的成长股。

对本书的大部分读者而言，特别是缺乏职业素养的玩家而言，他们应该优先考虑信用等级最高的债券，因为他们应该首先考虑资金的安全性，然后才是收益。

债券市场也存在季节性，掌握了这一规律就能具备了一定优势。不过，季节性并非准确地重复资金，有时候会推迟。要想搞清楚季节性规律，投资者必须回顾那些高等级债券的历史数据，这样才能把握住机会。

举例来讲，1919年12月的债券价格走势就体现了季节性，这是一个底部买入机会，我不会错失这样的机会。**当时铁路债券的价格非常低，安全空间很大，是一个很好的买点。**如果有人能够在那个时候买入，坚持长期持有，则可以取得较好的收益率。

究竟有哪些因素促使我认为债券价格见底呢？具体的分析可以参考《华尔街杂志》的专栏文章。下面是一些摘要。

"无论何时你买入债券都能取得利息，

在证券市场中，你有什么独特的优势呢？如果找不出具体的优势，要么退出这个游戏，要么下功夫去建立具体的优势。最差劲的做法是作为一个劣势玩家却想要取胜。

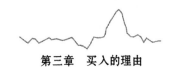

但是如果想要获取价差收益的话，还是需要考虑时机问题的。**最好的买入时机出现在世界性灾难上演时**，不过这样的机会十几二十年都难以遇到一次。"

"数年之前，铁路债券是最优质的投资标的，不过现在出现了许多工业类债券，以及其他抵押债券，即便安全性有所降低，但是收益率也大幅提高了。"

"就投资者而言，现在是大举买入高等级债券的最佳时机。当然，大胆的投资者也可以采用50%保证金形式加倍买入，这样可以放大你的利润。如果你能够在底部买入债券，那么你不仅赚取了利息，而且获得了价差收益。你可以从银行获得融资，然后以保证金形式买入。通常而言，银行非常乐意参与这种投资，如果行情发展如你所料，那么银行乐意提供进一步的融资。"

"现在（1919年12月）是一个加码买入的好机会。如果你现在能够买入，那么不仅总体成本会下降，而且也能够获取更多的利润。机不可失，时不再来！"

"纽约州那些储蓄银行发行的债券是可以合法交易的高等级债券。到1929年年底的时候，债券的价格触及了记录低点。许多优质债券这两年都下跌了10~25个点。比如联合太平洋铁路的一级债券，这只债券利息大概为5.25%，存续期为27年；南太平洋

次贷危机引发美国股市大恐慌，不过底部在绝望中出现，此后美股上涨了差不多十年。

保证金制度放大了复利的魔力，前提是你能够恰当地运用它。

债券价格与宏观因素关系密切，特别是通胀率和政府风险偏好。通胀率越高，债券价格越低。

铁路的一级债券利息为 5.45%；1946 年到期的诺福克西部铁路债券的利息为 5.23%；路易斯维尔—纳什维尔金矿（Louisville & Nashville Gold）债券的利息为 5.09%；1947 年到期的芝加哥—西北铁路（Chicago & Northwestern）债券的利息为 5.26%；1958 年到期的伯灵顿铁路债券的利息为 5.43%。**一旦货币政策变得宽松，资金面充裕起来，同时放开外国政府购买债券的限制，那么债券的价格就会上涨。**"

"1947 年到期的联合太平铁路债券的利息为 4%，当时的成交价格为 82 美元，较两年期低了 18 美元。投资者需要耐心等待，这样才能等到债券价格恢复到此前的水平。现在的年收益率为 5%，如果三年内情况发生变化，那么平均年收益率会达到 11%，如果价格上涨能够持续 5 年，则平均年收益率会达到 8%。由此看来，这里存在一个较大的盈利机会。"

金融股和消费股也是巴菲特偏好的标的。苹果公司是消费股还是科技股？

在我的投资组合中，除债券之外，我也关注银行股。在《华尔街杂志》中我撰写了一系列文章阐述为什么看好银行股。

银行股有着不同的类型，一些保守，一些激进。可以用汽车的变速箱来比喻。变速箱通常有三个挡位，第一挡最慢，第三挡最快，第二挡介于两者之间。经营稳健的老派银行相当于"第一挡"。当一家保守的银行

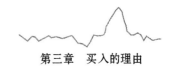

开展信托业务时，它相当于"第二挡"。如果一家银行不仅经营传统业务和信托业务，还开展更加广泛的混业经营，例如，介入证券经纪业务，那么它就处于"第三挡"了。位于"第三挡"的公司具有很大的盈利空间。

允许银行混业经营肥了金融大佬，亏了黎民百姓。当然，这是一个立场问题，对于金融交易者而言只就事论事。

我购买过纽约数十家金融机构的股票，其中大部分是银行。我将这些股票放到信托公司进行管理，这个账户都是金融股，所有的分红和拆分都在这个账户中进行。分红所得我会再度投入到金融股上。我对大家的告诫就是**投资者不应该将全部的分红都提取出来，而是应该大部分用来再投资，这样就能最大化地利用复利原理。**

如何最大化利用复利原理？第一，收益再投入；第二，融资，加杠杆。

除红利再投资之外，我还会从信托公司融资。当我认为时机成熟时，我从信托公司融资以便加码买入。因此，在许多时候我的账户都处于融资负债状态。

1919 年下半年的时候，出现了银行股的投资机会。银行家信托公司（The Bankers Trust Co.）的董事会决定将股本从 1500 万美元提高到 2000 万美元。增发新股的价格为 100 美元每股，需要持有三股旧股才有资格购买一股新股。当时旧股为每股 485 美元，那么三股旧股与一股新股平均下来的价格差不多是 389 美元一股。此后，这家公司会不断分红和除权，而我的平均成本会逐渐降低。

就投资而言，行业的选择是非常重要的。巴菲特的选股很大程度上受制于行业。金融、消费和医疗是长期牛股的大本营。

另外一个银行股的投资机会是大通国民银行（The Chase National Bank）。我在 675 美元的价位上买入了这只股票。不久之后，大通国民银行通知股东们，希望将银行的总股本从 1000 万美元增加到 1500 万美元，同时提升对子公司大通证券（The Chase Securities Co.）的持股比例。

在 1919 年 12 月 26 日之前已经持有大通国民银行股票的股东可以参与这次增发，认购价为 250 美元每股。我看好这家公司的前景，对整个金融业和纽约作为全球金融中心的地位我都颇具信心。我认为公司股本提升之后将有利于经营，投资者所得必将超过此前付出的成本。

当我持有这些优秀股票数年之后，股息和资本利得让我获得了丰厚的收入，年均收益率应该超过了 12%。资本按照这种速度增值下去，我的本金将在 6~7 年内翻番。在这个过程中，我会将红利再度投入到同一批股票上。

银行股是追求稳健增长投资者的最佳标的之一。除上述原因之外，还有一个原因需要提及。银行等金融机构都处于联邦政府的严格监管之下，因此它们破产的概率很小。因此，银行股非常适合那些渴望稳健增长的谨慎投资者。

我偏好那些参与了证券业务的银行股，

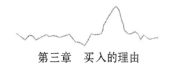
在混业经营的情形下，他们将传统的银行业务与证券业务结合起来，盈利机会大大增加，自然也能够给股东带来非常高的回报。

上面介绍的这种方法就是投资于某一证券，在不增加风险的前提下尽可能地增加利润。无论投资者的水平如何，都应该对这一方法感兴趣。刚开始的时候可以集中买入银行股或者其他证券，目的并非是低买高卖赚取价差，而是**持续将分红所得投入到同一资产上，形成"滚雪球"的效应**。在这个过程中，投资的资本越来越多。这有点像保持一个银行储蓄账户，你的利息会不断产生，然后作为本金产生过多孳息。当我以 5 美元为本金第一次开立一个储蓄账户时，我是多么高兴，当这个账户的资产从 5 美元增加到 10 美元的时候，我是多么自豪啊。

当然，这个过程并非一帆风顺，正如难免遭遇阴雨天气一样。有时候，为了应急我们需要从储蓄账户中提取资金，而这会打断增值的过程。在投资中我们也会遇到同样的情况，挫折难免，资产净值难免回调，但是我们可以控制损失，降低成本。只要我们多一分努力，最终都会体现在资产净值的上升上。

> 收益再投入到高收益资产上，就能充分地利用复利效应。不会利用复利效应的人，永远成不了大富豪。

> 资产净值的回撤是不可避免的，重要的是我们要最小化回撤的幅度，从这个角度来讲风险控制最关键。对于一般投资者而言，需要合理分散，相对集中而不是绝对集中。

第四章

捕捉良机

Unearthing Profit Opportunities

> 如果投资者能够静下心来长期跟踪和研究可转债，那么几乎每年都能发现投资的良机。
>
> ——理查德·D. 威科夫

当购买债券或者其他高信用等级证券以便获取收益和利润时，我偏好那些符合特定条件和要求的资产。

首要的一个条件是**我会选择那些价值被显著低估的证券，也就是说价格远低于内在价值的资产**。对于这种显著低估的资产，我并不在乎股息或者利息收入，虽然有时候这类收入也可观。

其次资产的流动性也是我关注的重点。我更加青睐那些容易变现的资产。

我倾向于在金融市场出现恐慌的时候寻找投资机会，整体市况会告诉我是否处于恐慌状态。如果市场给出明确的信号，那么就是我着手进场捡便宜的良机。

如果我们能够在市场极端悲观的时候入场买入优质证券，那么不仅能够获取股息或者利息收入，而且还能获得资本利得，这将极大提高整体收益率。

威科夫与巴鲁克一样，同时对投机和投资进行了具有个人特色的研究和实践。当然，在理论深度上他们都无法与格雷厄姆相提并论。

投资不仅需要分析基本面，还需要分析心理面。估值连接着基本面和心理面。

这里的计算并不精确，只能作为参考。

大众的盲点，往往就是超额利润的源泉。可转债是 A 股投资者可以深入去了解的一个资产类别，兼具了债券的稳健性和股票的增值性。

假设我买入了一只每年付息 5% 的优质债券，这是一份安全资产，我可以获得稳定的收益。如果最终我以成本价 60 美元卖出这只债券，那么我就只赚取了利息。不过，如果在你持有的三年内，这只债券的市场价格从 60 美元涨了 25 美元，达到了 85 美元，那么这只债券除了利息之外还提供了资本利得收益，25 美元的资本利得收益折算下来年均收益率为 8.33%，如果再加上 5% 的利息收入，则调整后的年收益率为 16.67%。

我个人非常偏爱持有可转债作为投资标的。在《华尔街杂志》上我经常谈及可转债的优点，在这里就不再赘述了。**如果投资者能够静下心来长期跟踪和研究可转债，那么几乎每年都能发现投资的良机。**可转债可能有些复杂，以至于被普通投资者忽略掉了。不过如果你想要获得丰厚的收益，那么就必须去研究它，搞清楚它的特点和具体条款。在进行这种研究的过程中，你需要借助于一些数据的支持。

在考虑可转债的时候，我很少关注利息收入，而是更多地考虑转换成股票的收益。1918 年，我毫不犹豫地买入了 10 万美元的可转债，因为我认为转换成股票后的盈利空间巨大。当时正股和相应债券的成交价格都非常接近，大概在 90 美元。不过，股票走势显得疲软，而债券要坚挺一些，因为债券

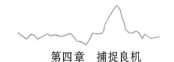

有利息收入，更加稳健，因此买盘要更强劲一些。即便股价下跌 10~15 美元，债券也不会下跌如此大幅度。我对可转债非常放心，当正股进行估值修复的时候，可转债就会一同上涨。

此后的发展确实如我所料，股价开始估值修复，上涨了 25 美元，相应可转债的价格也出现了上涨，涨幅高于正股。某个交易日，可转债的价格甚至远远高出正股，于是我卖出债券，买入股票。

顺便提一下，有时候我们可以进行成本套利，紧密关联的标的之间存在一个合理的价差，如果这价差达到极端，则可以进行套利，这样相当于降低了持有资产的成本。你卖出了成本较高的标的，买入了成本较低的标的。在投资当中，降低成本是一个非常重要的考量，这是一个良好的习惯。

我交易各种证券，除债券之外，股票也是当然之选。在 1913~1914 年，我撰写了一系列专栏文章论述"最佳股票的选择"。这样做的目的是为了教学相长：一方面，我可以提供一些有价值的东西给杂志读者；另一方面，我可以总结一下自己的经验，完善理论。我承认总结和归纳是个人的兴趣爱好所在。

我分析和研究证券市场，可以为自己寻找盈利机会，同时还可以提醒那些有心的读者注意这些潜在的机会。两者之间并无矛盾之处，反而可能相互促进。不过，即便一个人再有经验，在金融市场仍旧是难以避免错误。

我总是或明或暗地提醒读者们需要自己辨别，不能照搬或者盲从我的观点。我记不清楚谁曾经说了这么一段话来强调独立思考和行动的重要性："一些人不敢承担自己的责任。在任何行动中，他们都欠缺独立决策和行动的勇气。他们凡事都要征询他人的意见，否则寸步难行。如果你缺乏足够的自信，那么必然想要依赖别人，久而久之就失去了独立自主的权利。如果你是这样的人，那么应该勇敢地去现实世界中锻炼，在实践中成就自己的人生。当机会摆在面前的时候，你需要勇敢地做出抉

金融交易是孤独的事业，需要独自前行的勇气和等待最终成功的耐心。

择，而不是听从他人的指点。"

正因为独立抉择非常重要，因此我们的这本杂志总是鼓励读者们学会自己选择股票。这也是我撰写"最佳股票的选择"系列文章的初衷之一。

在系列文章中，我提出了一个鲜明的观点——连锁商业和邮购销售行业要比钢铁、铜业、铁路以及通信板块等热门板块更值得投资。因为商业的成长性要高得多。

因此，我买入了西尔斯—罗巴克公司（Sears，Roebuck & Co.）的股票。这家上市公司每隔3~4年就会进行分红，这已经成了惯例。更为重要的是，这家公司会留存部分收益进行稳健的扩张。倘若股东持有其100股，那么就有机会获得25股或者33股的新股。公司利用自有资本进行扩张，这使股东无须继续投入就能增加收入。接下来，这25股或者33股的新股又能带来新的6股或者7股新股，如此继续下去，那么投资者持有的股本就会不断扩大，自然就能获得更多的收益。

我购买的另外一只股票叫德拉威亚—拉卡瓦纳西部铁路公司（Delaware, Lackawanna & Western Railroad）。这家公司吸引我的地方不在于其分红能力，而是其高成长性。

正如这家公司的一位高管所说，他们公司已经投资了大量的铁路和相关设备，而这

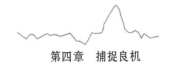

些投资会在未来 20~25 年产出大量的收益，而成本也分摊到了未来的 20~25 年当中，完全可以被收益所覆盖。

或许你会疑惑：什么要在铁路行业最为低迷的时候买入呢？但我要告诉你：**当大众普遍对某个行业绝望时，那么相关的股票也就见底了。**过去的一段时间里，铁路股票被大众所抛弃。但是，总有一天包括德拉威亚—拉卡瓦纳西部铁路公司在内的铁路股票会重新被认识，那些在绝望时刻买入的人就会获得巨大的回报。

价值投资不喜欢热门股，题材投机喜欢热门股，其中的差别是怎么产生的呢？

图 4-1　德拉威亚—拉卡瓦纳西部铁路的一段

截至 1918 年底的时候，德拉威亚—拉卡瓦纳西部铁路公司的盈余为 57247984 美元，当时总流通市值为 42277000 美元。如

基本面上差得不能再差了；心理面上悲观得不能再悲观了；技术面上跌到钝化了。这就是底部的特征。

某家公司和某个行业都有一个关键的利润驱动因子，找出这个因子就能很好地判断出这家公司和这个行业的盈利前景。

果你回顾其之前的历史，就会发现**情况已经差到了极致**。

1909 年 6 月，这家公司宣布将盈余的一半进行现金分红，算下来股息率在 15% 左右。

1911 年 9 月，这家公司宣布将盈余的 35% 进行股票分红，将向公司股东派送新泽西拉卡瓦纳铁路公司（The Lackawanna Railroad of New Jersey）的股票。这条线路的长度仅有 980 英里，但却是全美最赚钱的线路。

德拉威亚—拉卡瓦纳西部铁路公司从 1906 年到现在的最低价是 160 美元，1919 年 5 月的时候曾经触及 217 美元。但是，到了 1919 年 10 月，由于煤炭业罢工显著影响了货运量，使该股一度跌到了 180 美元附近。在我看来，这样的价格已经非常低了，如果继续下跌，那么就相当便宜了。

在危机和恐慌中寻找机会。如果你回顾华尔街的整个历史，就会发现当危机和恐慌席卷金融市场时，资产价格会跌至底部，这就是最低点，也就是极度恐慌点。不过，真正的最低点并不是在危机或者恐慌完全兑现时才出现。大众的最悲观预期导致了最低点的出现，一旦事件兑现，那么价格已经跌无可跌，这个时候价格已经开始企稳回升了。因此，我买入了德拉威亚—拉卡瓦纳西部铁路公司的股票。

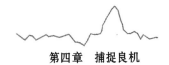

从绝对价格来看，无论是西尔斯—罗巴克还是德拉威亚—拉卡瓦纳西部铁路公司，其股价看起来都不低。为什么价格看起来很高的股票，实际值上比许多低价股更加便宜呢？

搞清楚这个原因才能理解什么叫投资。许多个股的价格看起来比较低，例如，在10~30美元这个区间。但实际上这些股票之所以低价是因为它们的盈利能力不佳。这些股票在上市之后，业绩平平，甚至很差，只有1%~2%的盈利能力。自然也就很少分红了，甚至根本不会分红。而那些价格在60~100美元的股票往往有5%~8%的股息率，分红还算很高。相比之下，股息率为1%的股票也就只能值12~20美元这样的价格了。因此，投资者眼中的便宜并非是绝对价格很低。那些12美元以下的股票反而很贵，只有12美元以上的股票才可能找到便宜货。

当然，**有些高成长股在上市之后可能有很长一段时间不分红**。例如，美国罐头公司（American Can），这家公司上市后很长时间从不分红，不久之前它的股价一度涨到了68美元。布鲁克林捷运公司到目前为止也没有分红，在1899年的时候它涨到了137美元的高位，此后的10年当中它也没有分过红。

价值投资偏好高价股，题材投机偏好低价股。当然，低价股也可能是高成长性的价值投资标的；高价股也可能是题材投机的标的。

投资者不应该惧怕高价股。那些价格在 200~400 美元且处在上涨趋势中的股票，通常你会逐渐发现这些股票的成长性很高，前景光明，估值并不高。**大多数高价股其实都是有内在价值支撑的**，即便无法立即给股东带来更多的收益，但是这些股票从长远来讲会最大化股东价值。

那些心急的人自然无法牢牢抓住这种机会，不过那些善于分析公司和行业，乃至宏观形势的投资者，则会对这类股票感兴趣。这也是我喜欢高价股，而不喜欢"仙股"的原因。

第五章

矿业股的心得体会
Some Experiences in Mining Stocks

> 在投资中，如何做到坚定持仓呢？最有效的方法只在买入之前做最充分的研究，将正反面的意见和证据都考虑进去。经过全面和深入的研究后，选择最有信心的股票买入。
>
> ——理查德·D. 威科夫

聪明的投资者总是选择那些不断将盈余投入到赚钱生意上的公司。如果你投资了这样的公司，那么成功的概率就很大。不过，凡事都不能绝对化，因为产业和政策环境的重大变化也会导致这样的公司出现问题。另外，还需要警惕公司做假账或者大股东掏空和转移资产的行为。

纽约-纽黑文-哈特福特铁路公司（New York，New Haven & Hartfort Railroad）在过去数十年时间当中就是价值投资的良好标的。这家上市公司的治理水平很高，很好地平衡了进取与稳健的关系。市场上对这家公司的评价非常高。但是，最近这家公司推出的扩张新政策却存在很大的问题，以至于这家公司步入严重的困境当中无法脱身。其实，股价的暴跌就提示问题的来临。

钢铁大王卡耐基（Carnegie）曾经说过："将你所有的鸡蛋放进一个篮子里面，并且

股价的异常其实应该作为一个提醒信号，提示投资者寻找背后的原因，是否存在结构性的负面冲击。

合理分散，相对集中。巴菲特无论怎么集中，也不会只持有一两只股票。

巴菲特也非常重视管理层的品质和能力。

在巴鲁克的回忆录当中，他直观地介绍了这段亲身参与的历史。那时华尔街野蛮生长的年代，投机是主旋律。

照看好这个篮子。"不过我更倾向于合理分散鸡蛋，将它们放在多个篮子里面，然后照看好这些篮子。

永远不要与某只证券"结婚"。你可以持有证券，但是要定期审视，看看继续持有的理由是否还存在，这家公司的竞争优势是否依旧。

如果你将每笔证券投资都看作是一门生意，那么你就能更好地进行审视，也能更好地管理自己的情绪。这样坚持下去，自然收益甚多。如果你持有债券，那么就是债权人，资金是非常安全的。如果你持有股票，那么就是股东，你是公司的所有者，如果你都不关心公司的经营，那就说不过去了。

为什么我喜欢那些优秀且诚实可靠的管理者作为合作伙伴呢？因为这些人不会绞尽脑汁来骗取我和其他股东们的金钱。美国钢铁、伯利恒钢铁（Bethlehem Steel）、通用汽车、通用电气等公司的管理层都属于精明且诚实的类型，他们有着对全体股东负责的优良品质。

"选择一家好的公司来投资，而不是仅仅盯着股价。"这句话应该成为所有投资者的座右铭。

在投资盛行之前，华尔街被一群"金融强盗"所把持，他们通过操纵铁路和钢铁板块的龙头股来掠夺大众的财富。不过，这样

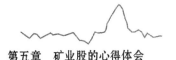

的时代早已过去。现在的金融大佬们明白公平参与比弄虚作假更有利，因为这样才能长久挣钱。

我们进行投资的时候，一定要抱着怀疑的眼光去审视上市公司。要选择那些对全体股东负责的管理层，只有这样的管理层才值得我们托付自己的财产。

出于捍卫自己和《华尔街杂志》读者利益的需要，我现在更加努力地进行上市公司调研，特别注重调查管理层的责任感。深入的调研是必要的，因为需要去伪存真。在调研过程中，我雇用了专业调研人员、律师和各类工程师。我指示他们从不同角度审视一家公司，以便获得全面的认识，避免盲区。

同一个问题，光听一个人的一面之词是不行的。例如，或许我会先派一个矿业工程师去调研某个矿业上市公司，之后往往会再派另外一个人去调研同一家公司。尽管我会多花上几千美元的费用，但却能得到一个更加客观的结论。

不久之前，我先是派人初步调查了两家矿业公司，报告看起来还不错。不过，我又花了 2000 美元找另外一个工程师去深入调查。看了后者提交的报告之后，我决定不投资这两家公司。综合两份报告来看，这两家公司的成长性存疑，达不到我的投资标准，因此决定放弃投资。

询问公司的竞争对手，询问公司的上下游合作伙伴，询问公司的管理层，询问公司的雇员，兼听则明，偏信则暗。

尽管矿业工程师的报告并不能作为结论，但是他们的观点往往要比普通人士的分析更加准确。不过，矿业领域非常复杂，即便是最杰出的矿业工程师也会给出存在问题的报告，进而殃及投资。

我个人偏爱矿业。而且，我们家族许多人也都热衷于与土地和矿产相关的产业。当我的先祖于 17 世纪来到纽约后，他们买下了彼得·司徒文森（Peter Stuyvesant）在纽约市中心的土地，也就是现在哈德逊终点站大楼（Hudson Terminal Building）所在的位置。

这位先祖的后代就是我的爷爷，创建了汉诺威火灾保险公司（Hanover Fire Insurance Co.），同时他还是汉诺威国民银行（Hanover National Bank）的创始股东之一。他对于矿业非常感兴趣。

他在 19 世纪 50 年代，发明了提炼黄金的一种分离过程。美国南北战争前后，他在弗吉尼亚州发现一处金矿，并且展开了运营。

一个人只要足够努力，就能成为一名合格的矿业专家。我在矿业投资上业绩显著，因为我通过持续不断地努力已经成了这个行业的专家。接下来，我还会凭借不断累积的丰富经验和理论优势，持续从这个行业赚钱。

那么，应该如何投资矿业公司呢？首先，你需要了解管理矿业公司的人。他们此前是否成功地经营过其他矿业公司？他们曾

费雪提倡通过提问清单来发掘真相，威科夫在这里又何尝不是如此呢？

经犯过什么错误？他们是否诚实？

当然，我们还需要关注公司本身。公司未来新矿场在什么地方？公司的资本运作是否稳健？工程师团队负责人的业务水平和人品如何？这家公司的矿产是否具有持续竞争优势？产品销售前景如何？旗下矿场的储量如何？是否会在几年内面临可开采量不足的情况？矿场的预期寿命如何？每股盈利在未来数年的预期如何？

在决定投资之前，我需要搞清楚上面所有问题。

一些矿业公司只适合投机，而另外一些矿业公司则适合投资。从投资的角度来讲，我必须迅速地找到和确认投资的标的，**在大众觉察到其价值之前买入。**

换言之，如果你想要赚钱的话，就必须在行情已经非常明显之前就意识到。作为投资者，你需要买入优质的标的，持有并定期审视。

当我投机矿业股时，是在通过价格的波动赚取差值；当我投资矿业股时，是通过公司的卓越运营赚钱。

我举一个自己的实际操作来说明投资的本质和要点。我曾经投资过岩浆铜业（Magma Copper）这只股票，持仓时间长达四年之久。

我某天在前往市中心的路上碰到了一位

格雷厄姆对投资和投机进行了区分，不过那种区分对于成功的投机者而言并不透彻，也不恰当。成功的投机与投资都需要科学的方法。盲目的操作算不上科学。

解盘交易者注意盘口异动，价值投资者注意公司的竞争优势与估值，两种方法可以互补吗？小资本的价值投资者能够通过盘口异动发现一些潜在的投资机会吗？

朋友。他善意地提醒我岩浆铜业出现了异动，可以关注和研究一下。后来我专门去研究了一下这只股票，从盘口上看确实存在大笔买入的迹象。在此之前，这只股票的价格徘徊在12美元附近，接着冲高到了18美元。在18美元附近出现了显著的抛盘，股价回落到15美元附近。当我的朋友告诉我这只股票将要涨到20美元时，盘面异动迹象明显，似乎有新的大资金在介入。

于是，我买入了200股岩浆铜业。进场之后的两三个交易日，该股仍旧在15美元附近波动。突然，某天我的证券经纪人打电话给我说这只股票已经涨到了21美元。**向上突破前期高点20美元，这是一个加码的机会。**我立即让经纪人买入500股，其中一部分单子是在22美元成交的。由此可见，突破前期高点之后该股的上涨多么迅速。**那些你买不着的股票，往往会涨得更高，而我习惯于追涨这类难买的股票。**

岩浆铜业的表现耀眼，当天收盘价为28美元。能够买入这样的股票，令我非常高兴。

随着股价飙升，我开始关注这家公司的基本面。它产出的矿石具有很高的质量，如果进一步加大开采规模，这家公司将成为全国最重要的铜矿公司。一些知情人士宣称岩浆铜业的合理股价是200美元。我将收集到的信息告诉了那位朋友。

第五章　矿业股的心得体会

随着正面消息发酵，买入力量变得越发强大，股价加速上涨，以至于许多小型的证券公司根本无法提供买入机会。

三个星期之后，该股已经涨到了 69 美元。我持有 1200 股，浮动盈利共计 55000 美元。

我是否应该马上兑现利润呢？我并没有急于离场。原因是基本面得出的结论。在过去四年的时间里面，岩浆铜业一度跌到了 25 美元，然后持续在 25~55 美元波动。这期间，有不少人嘲笑我没有在 69 美元附近兑现利润。

为什么我不兑现利润呢？因为**我在买入这只股票前后不仅注意到了盘面异动，而且深入研究了它的内在价值。**最终得出的结论是股价涨到 69 美元附近带来的收益其实并不及上市公司成长带来的收益。当然，只要它的基本面是真实的。

如果投资矿业股，我就会抱着亏光本金的准备，在岩浆铜业上的投资也是如此。我投入了 23000 美元的本金，希望等到最终的结果，看看这家公司是否如此前判断那样优秀。如果基本面是真实的，则会给我带来巨大的财富。

见顶持股期间，该股的价格只有最高价 69 美元的一半。不过，这并未动摇我在 1915 年得出的判断。随着对这家公司的了解越来越深入，我对它的未来越来越有信心了。

我大致谈一下岩浆铜业的基本面情况吧。这家公司上市时的总股本为 150 万美元，其中流通股本为 120 万美元，股份总数为 24 万股，发行价为 5 美元。此后，当它市价为 35 美元时，市值达到了 840 万美元。

这家公司的大股东为威尔詹·B. 汤普森（Wilzam B. Thompson）。他在过去的十几年时间里面，从矿业股上面赚取了数百万美元，超过了任何投资者。

汤普森先生在深入研究了岩浆铜业之后，发现其股价远远低于其内在价值，于是携手一些朋友逐步买入，以至于成了最大股东。现在，24

万股中只有区区不到 2 万股为散户持有。

我是如何了解到这些信息的呢？我花费了不少时间和精力去进行全方位的调研，为的就是避免一面之词。除华尔街那些流传的消息之外，我还亲自去收集一些第一手信息。

数月之前，我带着矿业工程师亲自到岩浆铜业去调研，我们一起下井，在 1400 英尺深地方查看现场的情况。在开采点，我发现周围的矿藏非常丰富，新的开采设施建立起来了，生产规模显著扩大。同时，这家矿业公司还从同一片矿场中开采金银，这就大大降低了开采铜矿的成本。这家公司的总体成本是全美最低的，颇具行业竞争力。

熟悉汤普森的人都知道他不会轻易卖掉岩浆铜业，我也是这样认为的。我会耐心等待，继续持股，当我觉察到汤普森开始大举出货时，我会跟随卖出。

一些畏惧高价股的空头们则认为那些唱多这只股票的人无非是想找"接盘侠"而已。对此我一笑置之。我并不在乎其他人是否已经买入了这只股票。

投资者是否一定需要研究对手盘？在绝望中买入，这个绝望是谁的绝望？格雷厄姆提出"市场先生"这个概念，是否就是"大众"这个对手盘集合？

对于那些已经买入了这只股票的投资者而言，我只有一条忠告：坚定持有，优秀的公司不会让你失望。对于那些喜欢批判和怀疑的市场评论人士，我只能尽力让他们明白实地调研和投入真金白银操作远比空谈泛论更加重要。我在分析和调研上花费了大量的精力和工夫，对于纽交所的所有股票我都不陌生。我的做法胜过了许多喜好发表意见，却从不调研的市场人士。

我在岩浆铜业上的操作经历充分地说明了认真调研和耐心持有的重要性，它们能够给投资者带来极大的优势。当然，除非公司的基本面出现了根本性变化，否则不应该随意卖出。

当然，我得出上述结论，并非仅仅是这只股票上获得了丰厚利润。我真正想要强调的是**无论是投资还是投机，完备的理论支持与恪守规则的决心都是极端重要的**。在客观数据的支持下进行投资，你将更容易在这场博弈中取胜。

当我从事投资的时候，许多人总是问："为什么你不先在高价位卖出，然后跌到低点后再买回来呢？"

就我个人的经验而言，我从来没能在投资中用这种思路赚钱。当然，或许华尔街里面有绝顶聪明的人能够做到这点。

如果我在高点卖出了岩浆铜业，然后在低点买入，不停地高抛低吸，听起来非常完美。有时候，我也非常纠结，有如此操作的冲动。但是在投资上我不能这样去操作。岩浆铜业有大量的矿藏储备，有优秀和正直的管理层，资本充裕，员工勤勉，所有这些因素使我的投资非常安全，如同将钱存在银行一样。

当然，矿业股的表现取决于宏观经济的发展，只有当经济发展需要大量原材料时，在矿业股上的投资才能获得丰厚的回报。

无论投资者参与什么行业和公司，要耐心持股等待收获巨额利润都是极其困难的。相反，**绝大多数人在持有大额浮动亏损时却非常有耐心。**

在投资中，如何做到坚定持仓呢？**最有效的方法是在买入之前做最充分的研究，将正反面的意见和证据都考虑进去。**经过全面和深入的研究后，选择最有信心的股票买入。

有效的研究需要汗水来浇灌，没有充分研究的决策必然是盲目的。为了投资，你愿意花费多少精力呢？你愿意为此付出多大的代价呢？

一个绝顶聪明的人，必然凡事从正反两面听取意见和证据。

指数化投资是被动式的投资；趋势跟踪是被动式的投机。

获得利润是需要付出相应的成本的，无论是投资者还是公司经营者都是如此。不劳而获在投资这个行业是不可能的。如果你不愿意努力，可能会昙花一现，但绝不可能持续获利。

投资者只有通过努力才能捕捉到机会，坐等命运女神垂青是不可能的。投资者应该变得敏锐起来，当机会出现时不至于无动于衷。如果你努力，那么你更容易听见机会临近的脚步声，当机会经过时你能立即抓住它。

第六章

成功投资的基础
The Fundamentals of Successful Investing

当你无法胜任时，做减法！

——魏强斌

投资中最重要的工作之一是搞清楚上市公司所在行业的本质和现状。仔细研究一下约翰·D.洛克菲勒（John D. Rockefeller）及其家族成员所投资的股票，你就发现这些股票的共同特征。这些股票大部分都是与日常生活息息相关的。例如，石油、燃气、食品等，还有其他一些类似于必需品的东西，例如，钢铁和收割机等。人类的生活离不开燃料和食物，这会一直持续下去。所有投资者都应该明白这一点。

如何通过投资证券市场赚钱？对于这个问题我琢磨得越深，则赚取的利润就越多，有了更多的资本之后我就能找到新的投资机会，形成新的投资思路。

就个人经验而言，我发现无论一家公司是否正式上市交易，其所在行业的现状和未来的趋势都会对这家公司形成强大的制约作用。行业的趋势对于投资者的成败非常关

日常消费品、医疗、能源和金融是许多伟大投资者所专注的领域。彼得·林奇号召大家去超市中寻找投资标的，不是为了标新立异，而是一项非常有价值的研究方式。彼得·林奇认为通过日常生活，投资者可以建立起某种"信息优势"。在林奇看来投资并不是面对枯燥的财务数据，也不是埋首于抽象推理，投资是生活的一部分。请参阅附录《彼得·林奇的智慧法则：信息优势》。

研究一家公司，必然涉及一个甚至多个行业。脱离行业来研究公司必然走入歧途。

John D. Rockefeller

Whose iortune of nearly one billion dollars represents investments, for the
greater part, in the necessities or nearnecessities of life.

图6-1 约翰·D.洛克菲勒

键，为此我专门在《华尔街杂志》内设立了一个名叫"行业趋势"的新部门，致力于研究各个行业的发展趋势。

以前，我在进行投资者前会考虑大势，然后再精选个股。现在，我重新完善了这个流程，按照如下顺序去考虑各项因素：

（1）大盘和大势；

（2）行业的本质和趋势；

威科夫将基本面与技术面结合起来进行考虑。

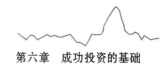

（3）公司业务处于上升趋势还是下降趋势；

（4）管理层的特点和声誉；

（5）财务状况和盈利能力；

（6）股价在 30~60 天周期中所处的位置。

如果某只证券在上述因素的考虑中处于优良水平，那么我会认为投资这只证券是安全可靠的。当然，投资者还需要考虑其他许多因素，不过上面这些因素应该是最为重要的。

第一项我非常注重的因素是大盘和大势，在许多文章中我都强调了这一点，或许绝大多数人都会同意这一点。整个股市的中长期走向极大地影响了个股的趋势。

对于一个参与证券市场的玩家而言，在股海弄潮需要指南针。大盘和大势就是每条航行在股海中的船只需要配备的指南针。这是最基本的要求，无须长篇大论地证明其必要性。

如果你能顺应大盘和大势，那么即便买入时机不佳，也不容易亏钱，而且往往都会赚钱。在牛市中，即便弱势股也倾向于上涨；在熊市中，则很容易被套。在熊市中如果买入了业绩不佳的股票，那么最终很容易面临破产和退市的可能性。因此，判明大盘和大势是非常重要的。

假设汽车行业处于高速成长期，前景不错，于是我考虑投资一家优秀的汽车公司。

我个人长期交易股票所构建的框架 AIMS，就将大盘和大势作为首要的考虑对象。价值投资者也会考虑大盘和大势，只不过他们往往选择绝望的时刻来抄底而已，而非追涨杀跌。

但是，如果我认为股市整体处于熊市发展中，那么我不会贸然投资。

《股市晴雨表》一书提供了道氏理论的数据基础。该书理论不太多，但是数据却贯穿很长一段历史时期。

股市是经济的"晴雨表"，会领先经济和商业形势半年到一年。股价往往"贴现"了一切，因为它反映了各种观点，体现了数百万股市参与者的综合观点。在单个参与者明白之前，股市已经搞清楚了绝大多数情况。市场玩家们通过买卖表达了自己的观点，因此研究大盘和大势就能捕捉到整个市场的情绪和心理。

所以，当我发现大盘和大势处于牛市之中，汽车行业整体前景光明，那么我就会着手寻找优质的汽车公司进行投资。这就进入到了公司选择阶段。

如何判断一家公司是否优秀，值得投资呢？我会结合下列因素进行分析：

（1）公司业务处于上升趋势还是下降趋势；

（2）管理层的特点和声誉；

（3）公司财务状况和营利能力；

（4）证券与大盘的关系如何，如果是股票的话，其在 30~60 天的周期中处于什么阶段。

上面四点是判断一家公司是否值得投资的要点，你可以选择投资公司的债券，或者是股票。上述要点并非死板机械的定量公式，而是一个定性的总体判断。

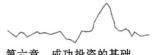

我长期研究上市公司及其证券。对于如何阅读财务报表，如何分析管理层，如何研判价格趋势，我都有非常丰富的经验，知道如何取舍权衡。所以，我能够快速地判断出一家公司是否值得投资。

这个过程是需要下苦功夫的。从最初的信息收集，到中间的深入研究，这与律师和医生的工作有某些共同之处。**证券投资与任何事务一样，你投入的精力越多，参与其中的时间越长，则积累的经验越久越丰富。**或许有些人认为其中存在捷径，可以不用辛勤工作就能收获甚多，其实这种想法是错误的，而且是可悲的。

功夫就是时间。

另外，投资面对不确定性，因此算得上是一种商业冒险。你无法完全确定行业和公司的情况，对于大盘和大势也不可能完全把握。影响投资成败的因素众多，这进一步增加了投资的难度。不过，我会帮助你厘清因素的重要秩序。

当你无法胜任时，做减法！

投资者可以从行业入手。当我刚刚步入华尔街时，股票数量很少，只有铁路股形成了板块。当时许多金融大佬们都在农产品期货上大显身手，例如，古尔德（Gould）、基恩（Keene）、菲利普·艾默尔（Philip Armour）、迪肯·怀特（Deacon White）等，他们那时候基本围绕小麦、玉米和燕麦等农作物期货进行操纵和投机。

不过，现在金融市场的格局发生了变化。上市公司数量大幅增加，股市上出现了各类板块，投资者的选择越来越多。尽管铁路板块仍旧是股票市场的重要板块，但是石油板块和汽车板块也成了极具影响力的板块。板块之间会相互影响，一个行业的兴衰会影响到其他相关行业。

以汽车行业为例。一位汽车行业的高管曾经指出，如果市场需要200万辆汽车，那么就会极大地刺激橡胶轮胎行业、钢铁业和石油业的繁荣。

制造汽车涉及车体、散热片、引擎和轮胎等部件，这些部件需要专门的厂商来生产，当汽车行业繁荣时，就会带动这些上游行业的发展。

再以铁路行业为例。如果铁路公司的经营状况处于繁荣时期，那么对铁路设备的需要就会显著增加，进而带动钢铁行业的大发展。

一个行业加上上下游涉及数百万厂商，这些公司的盈利状况决定了就业水平和对原材料的需求。如果公司盈利水平高，那么对劳动力的需求就大，薪资水平就高，这会带动整个经济的消费水平。或许我扯得有点远，不过逻辑关系确实是这样的。

不过，行业的发展并非都是向上的，行业之间的影响也并非都是正面的。有些公司的股价会因此上涨，有些公司的股价则会因此而下跌。行业研究的目的在于寻找那些存在积极因素的行业。

具体行业所处的阶段是不同的，命运也是不同的。我们要选择正确的行业，然后进一步选择正确的投资标的，也就是那些最优秀和最有潜力的公司。

在熊市中，大部分行业板块都在下跌，但是某个行业却处于上升时期，因此它的整体股价却非常抗跌，甚至逆势上涨。这表明了行业选择是非常重要的。

当你完成了大盘和大势的分析，以及行业的选择，接下来你就需要选择个股了。你需要分析盈利能力、管理层等因素来决定选择哪只股票。如果你是投资者，那么分析上述基本面因素非常重要；如果你是投机者，那么技术面因素更加重要。

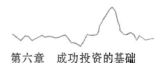

如果想在短期内获得巨额回报，那么就需要从技术面的角度去研究了。

假设一只股票从 100 美元上涨到 150 美元。在 150 美元的关键点位遭受大了巨大抛压，股价回落到了 110 美元。这个过程中，上市公司的基本面并未出现太大的变化，盈利能力保持健康，这意味着它是一个良好的投资标的。股价在 110 美元附近受到显著支撑，那么我就愿意选择这个时机买入。当股价上涨 40~50 美元，高位出现显著的主力派发迹象，那么就不是买入的好时机了。

为什么我选择买入这只股票？我要考虑许多因素，无论是基本面还是技术面。

在技术面方面，我们特别需要注意的一个因素是主力的动向。许多人都会忽略那些股市大玩家们的动向，对此我感到疑惑。或许是因为他们不明白大玩家们在市场上的影响力。

股市的大玩家，我称之为主力，他们或许存在联合操作个股短期走势的嫌疑。不过，我想要强调的是他们富有市场洞察力，**善于借势和借力，将这些变成自己的优势，**这样他们就很容易盈利。

正如查尔斯·H. 道（Charles H. Dow）所说："大众很少能够洞察到价值，除非经人指点！"直白地讲，散户们无法主导市场，他们需要指引，他们缺乏独立思考的能力。

用基本面选标的，用技术面定时机。理论上是很完美的，但是要达到这一境界还有很长的路等着你去走。

乘势、当机和借力，你可以将这些原则运用于人生的各个方面和领域。

引领市场潮流的往往是主力，散户们经常在趋势反转的时候追涨杀跌，逆势而为。

大众会受到股价波动的影响，以至于股价运动存在惯性。主力们会利用大众的情绪和弱点来运作股票，他们善于在低位吸纳筹码，善于利用有利态势拉升股价，他们引导散户们追涨。**为了提高对手盘的平均持仓成本，他们会时不时地打压股价，然后再度拉升。**

很早我就知道，如果想要在股票市场中成为赢家，就必须了解那些重量级玩家的动向和操作特点。这些重量级玩家常年浸泡在市场中，经验丰富，非常专业。如果你能找出他们的共同思路，那么就能在盘口中发现他们的踪迹，然后与庄共舞。

大玩家的身影不时出现在个股中，他们会逐步建仓，逐步离场。他们在市场亢奋时卖出，在市场低迷时买入。他们在熊市末端有充足的资金来买入，如果普通交易者能够掌握这套方法，则可以大大提高操作胜算率。

研究技术面是有价值的，特别是你在进行投机时。许多人会询问技术面的优势与劣势所在。我的回答是你可以凭借技术面更好地把握时机。例如，当许多人买入一只股票后大家都持股待涨，但是技术面上股价却出现了滞涨的迹象，盘口显示买家稀少。那么，这只股票从技术面来讲就不适合继续持

龙虎榜的常见席位都有自己的特点和风格，任何投机客都应该去分析和总结。

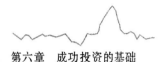

有了。

或许这只股票对应的上市公司仍旧优秀，财务良好，管理层卓越，盈利健康，但短期内多头已经衰竭，下跌不可避免。

那么，**如何从技术面确定买入或者说抄底的时机呢?** 当空头力量达到极致时，也就是下跌衰竭点来临时。市场上都在看跌和做空时，空头力量就达到了极致，此后空头会回补，而这造成了空翻多，随着空头不断回补，价格会不断回升，而这又会加速空头回补。**做空者其实是潜在的多头。**

关于技术面的东西，我可以讲很多东西，但是这些东西还不能称为科学。市场在不断进化，格局在不断变化，每个市场玩家，无论是投资者还是投机者都必须与时俱进，跟上变动的脚步。

技术面有助于我们确定卖出的时机，交易要称得上成功就必须在好的位置卖出。如果说把握买入时机是交易成功的一半，那么把握卖出时机则是交易成功的另外一半。

要想有效地确定买卖时机，我们需要下功夫研究技术面，如果不懂技术面那么对证券市场的了解就不能算全面。精通技术面需要我们投入大量精力和时间去研究和实践。

天下熙熙皆为利来，天下攘攘皆为利往。无论是在华尔街还是在任何其他领域，每个参与者都在追逐利润。有些人追逐 50

有位日本资深金融人士，在大量研究复盘巴菲特的交易之后发现巴菲特的买入点存在共同的技术特征。到底是巴菲特采用了技术点位入场，还是巴菲特的买入无意中制造了这些技术特征?

前位出场法。

威科夫倾向于同位出场法。关于出场法的深入分析，请参阅《外汇短线交易的 24 堂精品课：面向高级交易者》一书的最后一课"万法归宗之出场的四种方法：同位、后位、前位和进位"，高校和市级图书馆都可以借阅到这本书。

美元的利润幅度，另外一些人希望获得翻番的利润。

我的利润目标并不像他们那样主观，我不会先入为主地制定利润目标。我会根据盘面的信号来决定出场，无论股价如何波动，我会等待盘口显示有大玩家或者内部人士在卖出时才会兑现利润。

第七章

碎股交易的故事
The Story of a Little Odd Lot

因为重大的基本面变化往往需要数周时间来酝酿和发酵，因此我有充足的时间来把握重大的行情，为大机会做准备。

——理查德·D. 威科夫

在此前的章节当中，我已经强调了在投资股票前了解行业情况的重要性。无论如何强调这一点的重要性都不为过。尽管部分人每日都在关注证券市场的涨跌，但是他们却对个股的基本面资料非常陌生，甚至不认识股票代码。如果他们想要投资股票，就必须深入而全面地了解相关公司的历史、财务状况和治理水平。

以留声机行业（Phonograph Industry）为例来说明。我长期以来持续跟踪这个行业的发展，对于它的历史和现状有深入了解，同时也预判了这个行业的未来趋势。这个行业长久以来都受到了专利制度的保护，因此成了大规模垄断的行业。虽然这种情况遭到了许多有识之士的反对，但是垄断情况依旧。

1919年2月，我与一个朋友就餐。此君告诉我说美国留声机公司（American Graphophone Company），也就是现在的哥伦比亚留声机公司，将要召开一次大会，似乎有大动作。密切关注这次会议，我们就能知道后面是否有什么重要事情发生了。

席间，我和朋友谈论了数百万海外参战的士兵在留声机的帮助下是如何度过了那艰难数月的。一旦这些士兵返回美国，他们对音乐的热爱就继续下去。以前，留声机算得上是奢侈品，而现在则变成了人人买得起的便宜商品。综合上述这些理由，对留声机和唱片的需求将会空前大

增。朋友进一步指出，在公司股东大会之后，相关公告可能将股价推升到 150 美元的高位。

当时，这只股票的价格在 135 美元左右。我并未特别注意这只股票，几乎忘记了与朋友的谈话。

某个早上，我在去办公室的路上无意中看到了报纸上的一则公告：美国留声机公司的董事会宣布，每股现金分红 2.5 美元，并且每 100 股送股 5 股。报纸上整版都是这家公司的相关新闻，其中最为重要的一条是这家公司将在未来每个季度进行派息送股。在**一般人看来，这则公告和相关的新闻报道并无什么新意，因此似乎并不太重要。**

不过，**我的职业嗅觉从其中发现了重大机会。**根据我的初步计算，可以知道——每个季度每股派息 2.5 美元，那么一年下来的每股分红就是差不多 10 美元；另外，每个季度每 100 股送 5 股，那意味着一年下来 100 股差不多会送 20 股。当时，股价为 135 美元。这样大比例的分红和送股，将可能使股价涨到 300 美元左右。

抵达办公室之后，我立即通过电话联系了这家公司的管理部门，他们承诺未来每个季度的送股方面将维持每 100 股送 5 股的政策。于是，我立即按照当时的股价买入了价值 1.5 万美元的筹码。

A 股的资深投机客们，每天都会浏览重要公告，从中寻找投机机会。对于投资者而言，他们可能更注重财务选股，然后进行公司竞争力分析。

在我买入之后不久，**大众开始逐渐意识到这则公告的重大意义。从盘口来看，大笔买单显著增加，而卖出的力度在减弱。**接着，我加码买入了 40 股"碎股"，成交均价在 164.25 美元左右。

当我想要继续加码的时候，股价已经飙升到了 179 美元。这个价格与我计划的买入点相去甚远，我不想在市场短期亢奋的时候抢着入场。接下来，我将这 40 股交给了妻子来管理，而我则会指导她。

股价很快就涨到了 180 美元，接着触及 200 美元。**期间的成交量很低，几乎无量上涨。**

我一共花费了 6570 美元购买这 40 股碎股，这笔投资并不算大，但风险报酬率却很高。

实际上，我并非第一次介入这只留声机股。在此之前，我已经几次交易它，并且取得了不错的战绩。我曾经在 70 美元附近买入这只股票，然后在 135 美元附近卖出。接下来，我又在 110 美元买入，在 160 美元附近卖出。这些交易当中，我的头寸规模远远大于 40 股。

大概五年之前，《华尔街杂志》曾经刊登过一篇有关留声机行业的专题文章，这篇文章强调了留声机行业的乐观前景。

有一位纽约的资深证券经纪人指出，美

买卖股票，最小的交易单位为一手（one lot）。一手股票有多少股，与股价有一定关系。通常而言，一手为 100 股。而"碎股"一词，是指不足一手的股票。碎股的出现，通常因为股本结构有所改变。例如，公司在宣布业绩及派息时，同时宣布送股，所以就很容易会变成碎股。假设某股份一手是 100 股，该股宣布十送一红股；如果投资者持有一手股份，那么他就可以获得 10 股送股，但这 10 股便成了碎股。

国留声机公司的流通盘结构其实非常便于主力吸纳筹码，很容易被控股和运作。他来到威尔明顿（Wilmington），与杜邦财团的管理者会谈了15分钟，成功说服后者以200美元每股的价格收购了大部分股票，获得了控制权。

在更加高效的管理层的运营下，这家公司进入到繁荣扩展时期。在过去数年中，这家公司的规模和业绩取得了突飞猛进。其间，股价一度回调到196美元。后来，进一步下滑。到1918年夏天，该股已经跌到了50美元附近。

当该股在50~135美元附近徘徊时，**我又觉察到了这只股票的价值和异动**。盘口表明主力对这只股票产生了兴趣，如同在通用汽车等股票上的运作一样，他们准备在这只股票上好好运作一番。

等到主力吸筹结束时，市场上也开始流传各种坐庄的传言，但这个时候浮动筹码已经不多了。

当时，公司基本面也出现了一些重大变化。新的管理层走马上任，增发了普通股。我对这家公司的过往历史非常了解，也研究了杜邦财团给出的资产重组和运营方案，进而能够预判出公司未来的市场潜力。

本书前面几章的内容，我提到了技术面，你可以发现消息与技术面之间的巧妙关

一次性利多和持续性利多的区别是什么？

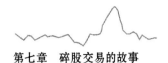

系。当美国留声机公司的**重大利多消息**公布后，股价持续表现强势，"一票难求"。很短时间内，股价就会飙升到 300 美元以上。

每到夏天，我都回到阿拉斯加或者海岸去度假。当我度假时，总是会推迟 7~15 天才收到华尔街的报纸。不过，我并不担心。**因为重大的基本面变化往往需要数周时间来酝酿和发酵，因此我有充足的时间来把握重大的行情，为大机会做准备。**

当我度假的时候，美国留声机公司的股价已经曲折上涨到了 400 美元，接着又触及了 500 美元。随着上涨到更高的点位，分红也越来越丰厚。如果股价是 200 美元，那么一年的分红就是 40 美元；如果股价是 300 美元，一年的分红就是 60 美元；如果股价是 400 美元，一年的分红就是 80 美元；如果股价是 500 美元，一年的分红就是 100 美元。这是利润多么丰厚的一笔投资啊！

不要忘了，还有送股。以 40 股为基数来计算，第一次分红能够得到 2 股；第二次分红能够得到 2.1 股，合计就有 44.1 股。此后，政策有了变化，公司宣布股东可以利用 1 股旧股换取 10 股新股。拆股使股价的投机性增强了，股价很快涨到了 500 美元。

新股上市后，每股价格在 43~50 美元之间波动。到 1919 年 8 月，股价上涨到了 59 美元。9 月，整个股市显露疲态，不过该股

高送转的题材在美国股市的"野蛮生长年代"也是大有市场的。

在 43.5~46 美元的支撑区间企稳。**从盘口来看，新股的起涨点已经出现了。**

同年 10 月，该股交投热络，股价一天就涨了几美元，几天时间就涨到了 75 美元，**价涨量增**。在有些时段，成交量从 5 万股猛增至 7.5 万股。当然，一些碎股交易并未很好地被统计。当时，媒体开始热炒这只个股，大众的目光都被聚集到这只股票上来。**该股在 70~75 美元附近出现了盘口异动，大笔卖单出现，我决定是时候离场了，于是在 70 美元附近卖出了大部分筹码。**

44.1 股旧股换成了 441 股新股，此后马上得到了 22 股送股，总计 463 股。每股的成交价为 70 美元，合计 32410 美元。另外，每股卖出前还获得了每股 2.5 美元的三次分红，资本利得加上红利合计 32725.25 美元。减去佣金和费用 6575 美元，那么净利润为 26150.25 美元。

如果股价维持在 70 美元的点位，不考虑买卖价差收益（资本利得），投资者一直持有分红的话，那么每年的收益是多少呢？每个季度将会送股 23 股，相当于 1610 美元，一年就是 6440 美元。加上每股每个季度的派息 0.25 美元，那么一年的股息红利就是 1 美元一股。算下来，一年的股息分红就是 6900 美元。而最初的资本投入不到 6600 美元。

舆情分析和盘口分析的完美结合。从心理面到技术面，威科夫的技艺堪称炉火纯青。

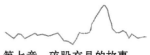

如果股价一直稳定在 70 美元，那么光是靠吃股息红利就能获得丰厚的收入了。不过，盘口的异动表明主力正在大举派发筹码，他们离场兑现的时机到了。既然他们都卖出了，我也应该跟随卖出才行。于是，我在 70 美元的价位上卖出了。263 股，收回了初始本金 6575 美元，并且赚到了 12080.25 美元的利润。

在离场上我采取了分批出场的策略。如果主力在回落后再度出手，将股价推升到一个新的高度，那么，我手头剩下的筹码就能继续挣钱；如果主力放任股价继续下跌，那么我就卖出剩下的筹码，全部离场，寻找新的盈利机会。

> 分批出场可以平衡交易心理。

在留声机公司上的碎股投资之所以能够成功，是多重因素的结合：第一，我非常了解这家公司所在的行业；第二，当时这家公司的股价正处于超卖状态；第三，公司经营状况和前景我非常看好。

在投资之前，有观点认为，这只股票将上涨 15 美元，在我看来这是极其不正确的看法。因为有充分证据表明这只股票将上涨数百美元。这些证据源自公开信息，当然我也专门向公司求证过。

同时，**我让自己处于主力的位置进行思考。**假如我是主力的话，在面对这样一只股票时会如何行动呢？通过这样设身处地的思

> 对手盘思维。如果你能经常站在他人的立场来看待事物，那么你就能做到最高程度的"知彼"。在《安德的游戏》中，对手盘思维是这部小说的重点之一。

考，我就能了解他们的意图和动向。如果形势和盘口表明他们在**离场**，那么我也会**离场**。跟随那些大玩家，我就更能获利，而不是亏损。

除主力之外，我们还要考虑上市公司的基本面。那些道听途说的传言，以及财务假象，并不能误导我。我着眼于客观事实本身，从实际出发去推导未来。当然，**除基本面之外，我还会从技术面寻找主力资金行动的迹象**。如果你能洞察主力和聪明资金的大动作，那么就能够在低点买入，在高点卖出，这样就能从每笔交易中获取更多利润。

如果你能够将基本面与技术面结合起来，寻找好的公司，洞察主力的踪迹，那么即便是小额资本也不难挣钱。我在美国留声机公司上的投资表明，即便你的资金只能操作碎股，如果方法恰当，也能挣钱。

许多人认为买卖碎股，不过是小打小闹，成不了什么气候。但是，我的实践成功地反击了这种说法。在本章当中，我详细地阐述了整个交易过程和操作理由，希望大家能够从中获得有益的经验和方法。

主流的价值投资策略完全专注于好公司和估值的研究，能否结合大资金动向来运用呢？如果你是超大资金，那么可能没有太大必要这样做；倘若你是小资金，那么就有这样做的必要。不过，整体而言，投机比投资更需要搞清楚大资金的动向。

第八章

我在投机和投资中所恪守的法则
The Rules I Follow in Trading and Investing

> 为了避免亏损，我需要让利润最大化。既然亏损不可避免，我能够做到有两条：第一条是让亏损最小化；第二条是让利润最大化。
>
> ——理查德·D. 威科夫

些读者会基于此前的章节得出一个结论，认为只要经过相关的培训，然后在实践中积累一些经验，就能将证券市场当成提款机，轻松地挣钱。这种看法是草率而错误的。我需要澄清其误解，纠正其中存在的谬误。要知道，没有人的交易做得非常轻松，包括我在内。

无论是在华尔街，还是在其他金融市场上，我从未见过谁能够凭借某个一成不变的策略一劳永逸地挣钱。金融市场不存在任何简单的圣杯，可以万古不变地盈利。我的经历也是如此。在金融交易的职业生涯当中，我经历过顺境，也经历过逆境。在顺境中，天地人和；在逆境中，天地人否。当然，无论你的具体职业是什么，只有从事的时间足够长，都能体会到这些。

什么是成功的交易？盈亏比大于1，胜算率也不错。不过，亏损和错误是不可能完

入市之初，每个人都想寻找一劳永逸的方法。理查德·丹尼斯找到了"海龟交易法"，但他发现这个方法也并不能让他一劳永逸。

全克服的。**如果某人告诉你他从未失败过，胜算率百分之百，那么这个人不是骗子就是疯子。**

如日中天的 J.P.摩根也不可能做到这一点。而像詹姆斯·R.基恩这样伟大操盘手也强调说，如果 10 笔交易能够盈利 6 笔就已经算是非常了不起的交易者了。我在从事金融交易的早期阶段非常关注他的操作，他当时在百老汇大街（Broad Street）30 号的约翰逊大楼（Johnson Building）5 楼通过行情报价机做交易，我有幸在旁边观察和学习。

在我印象中，多次见他在行情报价机和电话之间焦急地来回走动，心神不宁，好比一只因禁于笼中的狮子。当时，他持有的股票处于糟糕境地。在他纵横华尔街三四十年的光景中，破产并不是一次两次。

我与另外一个金融巨擘也有些交情，他就是哈里曼。当时他的操作也不顺利，行情与他预期的截然相反。在我拜访他的时候，赠送了他一只从中国商店购买的公牛摆件。

当然，我也认识当代最优秀的操盘手——杰西·利弗摩尔（Jesse Livermore）。他的业绩无可匹敌，但是他也总是犯错。他也与普通的交易者一样，有时会犯下严重的错误。他曾经在私下场合将具体的操作方法传授给我，不过他同时强调任何方法都无法完

与 Jesse Livermorne 相关的书有两本：第一本是《股票作手回忆录》；第二本是《股票大作手操盘术》。威科夫对 Jesse Livermorne 作为一次访谈，结集成了一本小册子 *Jesse Livermore's Methods of Trading in Stocks*，只有二三十页。有兴趣的读者可以找来看看。

Jesse Livermore

Whose stock market operations are the most spectacular in the present generation.

图 8-1 杰西·利弗摩尔

全避免亏损和错误，亏损是交易的必要部分，任何水平的交易者都无法避免。

我还认识纽交所内一个聪明绝顶的场内交易者，他每年都能通过场内交易赚取 30 万美元左右的利润。他曾经对我讲："在建仓后，如果亏损超出一定幅度，我就会立即平仓，一是保护本金，二是避免心理失衡。"

许多大型的人寿保险公司现在都参与到了华尔街的金融市场中，如纽约人寿等。通过公开出版的年鉴和报告可以看到它们投资

规律就是用来被打破的，对于一些优秀的高频交易基金来说，高频或许正是它们优秀业绩的关键要素之一。那为什么就大多数交易者而言，操作越频繁，越容易亏损呢？第一，操作频繁是因为缺乏明确规则引发的冲动交易；第二，频繁交易累计的交易成本过高；第三，频繁交易者很容易与趋势背离，胜算率和盈亏比就会很差。你还能找出其他原因吗？

的证券，这些大型机构根据著名的金融分析师以及保险精算师的建议进行投资。从这些大型机构的操作中，你也能发现一些规律，其中最为普遍的一条是**操作得越频繁，整体绩效越差**。

无论你从事什么商业活动，收入大于成本是赚钱的前提。对于交易而言，盈利要大于亏损才能赚钱。但是，亏损不可完全避免。无论你花费多少精力和时间去研究，无论你的指导者和专家多么杰出，无论你的操作多么谨慎和保守，亏损都必然存在。

为了避免亏损，我需要让利润最大化。既然亏损不可避免，我能够做到有两条：第一条是让亏损最小化；第二条是让利润最大化。

有些人自称从未亏损过，我没有兴趣去探究他们这番话是否有证据支持。或许真有这样的神人，不过我宁愿相信亏损不可避免。那些声称胜算率百分之百的交易者，往往都是被套牢的交易者，他们不兑现亏损，自然也就没有亏损存在于交割单上。或许他们经常走运，不过只要一次失误就会破产。

这些人不是不亏损，而是不愿及时承认亏损而已。相反，那些真正的市场杰出人士却会在第一时间认赔离场。杰西·利弗摩尔的一个习惯是如果进场后三天没能盈利，那么他就会立即平仓立场。因为他认为如果市场没能在短期内如预期一样发展，那就意味着头寸是错误的，应该立即出场。他不想遭受套牢之苦。**套牢的交易者总是认为自己没有输，死扛不认输其实只会输得更惨。胆大未必是好事，胆小未必是坏事，关键看是否能够满足"截短亏损，让利润奔跑"的原则。**

杰西·利弗摩尔说："如果我发现自己抱着希望而持有亏损头寸的话，那么就会立即出场。"利弗摩尔不希望将资金套牢在错误的机会上，他希望能够将资本配置到收益最高的机会上。好好回顾一下自己的交易吧，你是否曾经在某只毫无起色的股票上做无谓的坚持，最后不仅亏损，而且还错误了许多机会。

除时间止损法则之外，利弗摩尔还采用空间停损法则。他会采用停

损单来限制亏损幅度的扩大。由于他操作的规模非常大，经常交易1万~5万股。因此，他不可能像那些交易1~5手的普通交易者那样预先埋好停损单，而是现在心理预定一个停损价位。当价格触及这个价位时，他会立即下达平仓指令。

总之，利弗摩尔同时采纳了时间停损和空间停损：一方面，如果进场后数天之内不赚钱，那么他会离场；另一方面，如果进场后亏损超过一定幅度，也会离场。我认为他是第一个将停损规则明细化的交易者。现在，设定停损已经成了华尔街的重要规则，**成功的交易者都将设定停损单看作是最为重要的原则。** 无论是哈里曼，还是基恩，或者是其他杰出操盘手都认为停损可以完全限制住风险。

我在绝大多数时候都能恪守设置和执行停损的规则，回顾那些大额亏损，基本都是缺乏停损造成的。 停损如此重要，使我持续投入精力进行相关方法的研究，力图将交易风险最小化。不过，人很容易犯错，因为人不如机器那么稳定，很多时候我会因为疏忽大意而忘记了停损单设置，以至于本来亏两三个点就应该离场的单子在亏损了五到十个点之后才离场。**失败的教训是最有价值的课程，它们让我学会了如何避免不必要的损失。**

交易者首先要观察趋势，特别是趋势的

人生的最大悲哀在于套牢在错误的事业和人际关系上。人生就是决策，这种说法并不准确；人生其实是资源的配置！如何配置资源决定了你会过什么样的人生！

顺应均线，跟进停损就是"最小化风险，最大化利润"的最常见策略。大道至简，得之不易。

最有价值的课程来自打败你的对手、认真写下的日志、曾经犯下的大错！

转折点，然后顺应趋势入场，同时限制住风险，获取 10~20 个点的利润，这就是一笔理想交易具备的特征。

不过，**当你感觉交易非常顺利时，就会有频繁交易的冲动**。频繁地买卖几千上万股，确实刺激，但却要为此支付大额的佣金和手续费。经纪商非常喜欢这样的交易者，但交易者却会付出沉重的代价。当然，如果你是纽交所的会员，当你进行场内交易时会有显著的成本优势，因此场内交易者更倾向于频繁交易。

对于场外交易者而言，趋势交易更为合适。趋势不会在一天之内结束，行情发展需要时间。正如查尔斯·海镫（Charles Hayden）曾经告诉我的那样："买入当天并非卖出的日子！"

《华尔街杂志》的订阅者们经常写信来询问是否应该搬到纽约或者芝加哥进行交易，因为这样能离市场更近。**事实上，离市场太近反而可能有碍你认清趋势**。在任何地方，一个人都能研究股票，并不一定要待在距离市场更近的经纪商办公室那里。

与市场和大众保持距离有助于你维持良好的判断。每天我都会花一个小时的时间来进行独立思考，这个时候我的头脑最清醒。在这一个小时的时间内，我不会去华尔街，也不会盯着报价机，新闻也不会打扰到我，

环球旅行应该是交易者人生的一部分。

我只关注客观的市场走势。

　　从这个角度来讲，那些远离纽约和芝加哥的交易者具有某种天然的优势，他们避免了许多干扰。如果他们能够准确地判断走势，并且做出恰当的交易计划，那么他们就比那些跑到经纪商办公室凑热闹的交易者更有优势。毕竟，当你以事实为依据的时候，肯定比盲从人群者更加理性。

　　交易者应该综合分析各种事实和数据，最高价、最低价和收盘价是最为重要的数据。如果我能够客观地分析这些数据，即便处在环球旅行中，也能赚钱。尽管成交量数据也非常重要，但并非并不可少的。当我投机时，消息和新闻也并不是必需的。

第九章

展望未来的发展
Forecasting Future Developments

> 我希望从最看好的板块中挑选出最具潜力的个股，这是我最近持续思考的问题。
>
> ——理查德·D. 威科夫

在前面的章节当中，我提到了洞察力在投资领域的非凡价值。优秀的洞察力能够帮助你在最短的时间内获得最大的利润。有什么样的简单方法能够提高你的投资洞察力呢？我采用的主要方法之一就是**密切关注各个行业的发展前景，进行对比分析，找出最有潜力的行业。**

投资者用不着进行太多的书面研究，通过阅读报纸杂志以及研究报告就能大致看清楚哪些行业有潜力。现在来看，究竟什么行业在未来最有机会呢？

显然，钢铁行业面临很大的发展机遇。欧洲战后重建需要大量的钢铁，无论是商业还是工业莫不如此。未来数年，美国的快速发展也需要大量的钢铁。

除了钢铁之外，铁路也是一个有潜力的行业。铁路再度私有化了，终于摆脱了政府管制的低效，预计将有大量的新增订单涌现

孙正义年轻时花了数年时间来确定最有潜力的行情，然后才成立了软银。

江恩对美国铁路行业的管制政策做过全面的分析，可以参阅他的相关书籍。

在铁路相关设备的制造商那里。铁路行业更具活力了，必然大量购买铁轨、机车和车厢等设备来扩大运营规模。最终，这些需求会转化为对钢铁的需求。

长远来讲，我对未来的股市充满信心。不过，**我希望从最看好的板块中挑选出最具潜力的个股**，这是我最近持续思考的问题。如果能够选出大牛股，那么买卖价差肯定远远大于分红所得。

现在许多新兴行业的发展势头喜人。经过认真观察和分析，我发现最有潜力的是石油行业。在过去两年中，原油的消费量超过了产量（见图 9-1），而且这种趋势仍旧在延续之中。同时，标准石油公司（Standard Oil Co.）的总裁沃尔特·C. 第格尔（Walter C. Teagle）也做出了类似的预测，他给出了一些重要的统计数据。他预测到 1925 年，全球的原油需求量将升至 6.75 亿桶。相比之下，1920 年的实际产量是 3.76 亿桶。这意味着 1925 年的原油需求量相对于 1920 年的产量将增加 78%。这个供需缺口怎么满足呢？就连第格尔先生也无法给出答案，更不用说我们了。

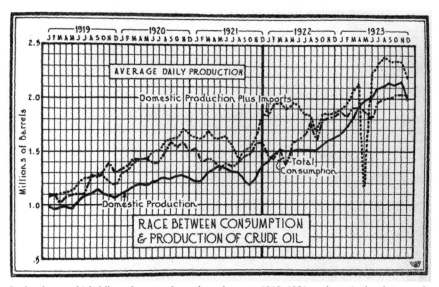

In the chapter which follows the text refers only to the years 1919~1921 as shown in the above graph.

图 9-1　原油消费与生产

新的油田需要时间去寻找，而老的油田也逐渐枯竭。许多油田在一

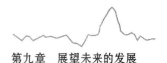

年前每天能够开采出 1 万~1.5 万桶原油，但是现在可能只有数百桶，甚至几十桶可供开采了，经济价值几乎为零。

例如，1919 年 7 月 1 日的时候，规模很大的护林者油田（Ranger Field）的日产量是 16 万桶。到 1920 年 2 月 1 日，这个油田每日就只能生产 8 万桶原油了。伯克伯内特油田（Burkburnett Field）已经停止开采了，业绩垂直下滑。另外，墨西哥的经济形势糟糕，海水倒灌加上火山经常爆发使地质结构发生了变化，以至于这一区域许多大型油田的产量都下降了。

整体而言，油田的数目越来越少。虽然许多国家的不同地区时不时会发现新油田，但这些有油田的储藏量都不丰富，完全赶不上全球需求的增加。

如果上述数据并不能完全说服你，那么我们再来看位于伦敦的英国贸易部（British Board of Trade）下属中央委员会给出的报告，他们的结论是原油的全球需求正在超过其供给。

简言之，原油供需不足威胁着全球经济，而这一问题并非短期能够解决的。因此，石油股成了我的重点投资对象。尽管其他行业也存在许多投资机会，但是我认为石油板块是最有潜力的，应该大举买入。

除了全球原油供求关系之外，还有一个

原油的供求也存在明显的"蛛网周期"，产能衰竭的论点每过几年就会被炒作一番。如何更为准确地分析原油的趋势和周期性，请参阅附录二《格局：原油的二重属性》。

因素促使我投资这个行业。原油从开采到提炼，毛利润是非常高的。与钢铁、机械设备以及汽车行业比起来，原油行业在扩大产量规模上不需要增加太多工人和设备。因此，石油股与其他行业的股票比起来，每股收益更高。

石油行业的未来是光明的。工业机械需要大量的润滑油，而润滑油正是来自原油。另外，汽车不仅要消耗掉大量的汽油，也会消耗大量的润滑油。农场对拖拉机的使用越来越普遍，马和牛的地位逐渐被农用机械取代。现在在西雅图，你已经找不到一匹马了。

在 1894 年的时候，我告诉其他人："很快马匹被其他运输工具替代，旅游时我们将不再使用它。"听了这话的人只当我是在痴人说梦，不以为然。

现在，我又要开始说梦话了。我坚信用不了几年，纽约等大城市下面将铺满输油管道。这些管道将为工厂和居民提供燃料油，这一能源将逐步取代煤。如果你现在就与燃料油公司签订固定价格的长期供应合同，那么我认为这份合同某一天将变得非常值钱。

燃料油比起煤炭而言，更有优势。利用煤炭提供热力的过程非常烦琐：先通过工人将煤从矿里挖掘出来，然后通过汽车长途运输到煤炉所在处进行燃烧，燃烧完成后还需要将灰烬清理干净。整个过程显得脏乱。而燃料油储存在罐子里面，使用起来非常方便和干净。采用燃料油的住宅比起使用燃煤的住宅更加干净，也更容易管理。

我讲了这么多。或许你仍旧对我的建议保持怀疑。不过，我坚信许多愿意据此采取行动的投资者会因此而大赚一笔。

为此，我愿不厌其烦地再梳理一下整个逻辑。工业现在越来越依赖原油，从小工厂到大的机车制造厂，未来将有越来越多的工厂依赖原油作为原材料或者是动力。无论是机械设备还是内燃机，对原油的需求越来越大。现在许多地区仍旧在使用煤油，而汽车和拖拉机将增加对原油的需要。未来，航空业的发展不仅会作为客运，也会进行货运，而这些对航空燃油和润滑油存在巨大的需要。原油供不应求，许多炼厂不惜提

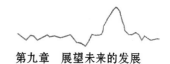

高价格争抢原油。

　　因此，我在最近数月大举买入石油股。同时，我还将这一建议通过投资通信传递给了杂志的订阅者们。买入石油行业的龙头股，你才能在未来的股市中成为大赢家。当龙头公司开足马力生产时，它的股票就会大涨。

第十章

亏损加码的真相

The Truth about "Averaging Down"

投资可以逢低加码，投机者却不能在买入后越跌越加码。投机者亏损后不断加码是错误的做法，许多人都会犯这个错误。

——理查德·D. 威科夫

许多交易者在实际操作中喜欢在浮动亏损时继续加码，这种做法导致他们深度套牢，亏损程度加大，爆仓风险急剧上升。倘若交易者在 100 美元的点位买入某只股票，此后股价跌至 90 美元时，他会认为价格便宜了，于是加码买入。

某些时候，这种方法或许可行。但是，大多数时候股价持续下跌往往与公司基本面结构性恶化有关，这个时候买入其实并不适合。

如果某个行业的发展背景和基础出现了显著恶化，那么相关的证券就会出现下跌。当然，如果特定上市公司的基本面出现了恶化，那么相关证券也会下跌。在信息不对称的情况下，只有少数内幕人士知道这些。当然，一些突发事件，例如，**并购重组或者新产品推出往往会扭转那些处于颓势公司的命运，因而会导致某些股票转而上涨。**

投机者最多浮亏加码一次。更为安全和有效的做法是只在盈利时加码。对于投资者而言，情况有很大区别。在投机策略中，有一种网格操作法，这种方法胜算率很高，但是破产风险也很大。网格交易法是在外汇市场中发展起来的，有不少这方面的研究，大家可以在网络上检索一下相关资料。这种方法是越亏越加仓，有盈利就减仓。其核心假设是"均值回归"。

无论导致股价上涨和下跌的因素是什么，如果交易者在浮亏时加码，那都是极其致命的做法，往往会让你的境地越来越糟糕。许多人搞不明白其中的原因是什么。**对于投资者而言，如果想要在亏损时加码，则必须彻底了解股价下跌的原因。**

数年之前，我在 45 美元附近买入了一只股票。此后，这只股票跌到了 30 美元。再后来，我才知道这只股票是有庄家的，他们的成本在 30 美元以下。只要股价在 30 美元以上，他们卖出就能赚钱。

其实，这家公司的业务非常不错，不过其股票却受到了操纵。公司管理层对此似乎并不关心，负责投资者关系的主管更是什么也不懂。

当我得知庄家的大概成本之后，我并不急于在 30 美元附近加码买入，以便降低平均持仓成本。等到股票跌到 15 美元之后，我才加码买入了与底仓相当的头寸。最初的头寸成本是 45 美元，加码的成本是 15 美元，平均成本就降到了 30 美元。此后，股价继续下跌。我知道这仅仅是大众恐慌造成的，公司的价值远高于此，于是我在 12 美元加码，反弹后在 16 美元减仓。整体而言，成本还是在 30 美元左右，数月之后该股涨到了 38 美元。估值已经修复得差不多了，于是我决定将股票全部卖出。如果将成本和

估值修复是威科夫这次操作的主要前提。不过，他在 45 美元买入的理由是什么，我们不得而知。难道是一笔趋势交易，最后套牢变成了投资？

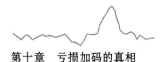

融资利息考虑进来，我的这笔交易其实并未赚钱，只能算盈亏相抵。

我运用类似的交易策略已经两三年了。长期绩效表明那些对于那些超跌且被大众一致看淡的股票而言，这种策略是有效的。许多交易者喜欢这类方法，因为他们主要是赚小波段利润，瞄准那些超跌反弹股。

在上述这笔交易中，我为什么要在股价下跌时加码买入？为什么我不停损卖出呢？因为可靠的基本面信息和数据表明这家公司的质地是优秀的。股价从 45 美元持续下跌的这个过程中，公司的基本面在进一步提高过程中。具体来讲就是债务规模下降了，盈利能力继续提高。**股价在下跌，估值优势却在凸显，这就是我为什么逢低加码的原因。**

对于这种策略而言，保持充裕的现金流是非常重要的。只有你握有足够的资金，才能在股价大幅下跌后有抄底的能力。对于超跌股，在反弹之后我会适当减仓，然后就可以等到再度下跌时加码。这就是滚动操作的仓位管理策略。尽管市场处于曲折发展中，但是我仍旧能从中获利。不过，**逢低加码买入一定要考虑公司的基本面和财务状况，要持续跟踪这些因素。**

对于基本面没有恶化的优质股票，如果它们估值较低，则许多投资者会采取低吸的做法。一些主力机构会故意进一步打压股

顺势加码用杠杆，逆市加码无杠杆。

涨时重势，跌时重质。

115

价，造成恐慌性最后一跌，然后吸纳筹码。在上述例子当中，确实存在投资者低吸的情况，也存在主力打压后吸筹的情况。

投资可以逢低加码，投机者却不能在买入后越跌越加码。投机者亏损后不断加码是错误的做法，许多人都会犯这个错误。

举一个例子，1909 年 8 月，我的一位朋友觉得联合太平洋铁路在 219 美元交易已经非常便宜了，也是他进场买入。此后，股价继续下跌，跌到了 185 美元时，他加码买入。股价跌到 160 美元和 135 美元时，他认为已经是地板价了，于是继续加码。等到股价跌到 116 美元时，他已经爆仓了。

当然，无论你从事什么生意，无论你是投机还是投资，如果你的仓位过重的话，那么很容易失败。**那些在投机中采用了杠杆，并且在亏损时还加码的人，注定是失败者。**

数年前，韦伯与菲尔兹（Weber & Fields）在纽约掀起了话剧热。话剧中有一幕发生在银行。剧团中一人扮演银行柜员，另外一人扮演客户。柜员会询问客户是存款还是取款。

要知道，那些在华尔街打拼的人也会经常到银行存钱或者取钱。最终，他们可能成功了，或者彻底失败了。**那些失败的交易者很可能是因为在杠杆交易中逆势加码。**

在金融交易的学习道路上，没有坦途可

趋势投机和价值投资的区别有哪些？从仓位管理的角度和分析要素的角度去思考。

杠杆交易一定要盈利后加码。想一想，为什么不能在亏损时加码？亏损加码不是能降低平均成本吗？

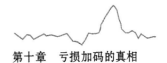

言，一不小心就会被打回原形，这就是我的亲身经历。现在，我仍旧在成长，离登顶还早。在漫长的进步过程中，教训是必不可少的。交易者只能在市场的教训下成长，虽然我已经在这个市场上摸爬滚打数年，但是仍旧在不停得到新的教训。

成功并不是永不失败，而是成功的幅度远大于失败的幅度。希望读者们能够清晰地明白我所传达的观点。

从失败中有所收获，你才能有所进步，否则失败除了打击到你的信心之外没有半点意义。任何交易者都应该定期抽点时间来思考一下证券交易本身，而非具体的证券标的。你需要反思绩效与流程。如果过去数月甚至数年当中，你都没能赚到钱，但却付出了大量的金钱和精力，那么就应该停下来反省和总结一番。你可以进行一段时间的模拟交易或者是小资金交易，直到找出问题所在为止。这样的试验也有助于信心的恢复。

金融市场是复杂的，看懂一部分已经不容易。或许你认为市场进入牛市了，但却最终发现市场仍旧处于熊市之中。尽管我很少关注长期的市场趋势，但是却难以避免判断失误。**市场在进化，我也要不断进化。**

一切问题都是反馈。如果问题出现，我会独自分析，找出问题和解决办法，然后我就获得了某种竞争优势。因为我补上了短板，失败的教训远比成功的经验来得重要。

天赋或许存在，但是抵不了多少事。真正的竞争优势都需要持续下苦功夫去培养。

第十一章

关于远见和判断的一些确定性结论

Some Definite Conclusions as to Foresight and Judgment

> 当我迷惑时，会将情况写下来，从优劣或者正反两面进行分析。当我写下来时，就能有足够时间从整体上去分析，进而找到最佳路径，树立起自己的优势。
>
> ——理查德·D. 威科夫

从前面几章大家已经了解到，在华尔街的岁月中，我不仅从常年的盯盘中获得了不少的经验，也从长期的研究和实践中获益颇多。无论是投机还是投资，我都进行了持续的总结。这些总结对任何交易者都应该存在价值。

坚持学习是证券市场的立身之本。任何人都应该如此。如果不能借鉴他人的经验，那么就只能靠自己去摸索。学习可以少走一些弯路，不用什么都靠自己摸索。无论你现在是否有资金进行投资，都应该重视学习的必要性。当你有了资本之后，在持续学习的帮助下进步会更快。

金融市场上充斥着大量的不实消息，很多流传甚广的策略也是无效的，明辨真假是非常困难的。大多数交易者不清楚自己的策略到底是什么，当然也就谈不上遵守自己的策略了。

当我迷惑时，会将情况写下来，从优劣或者正反两面进行分析。当我写下来时，就能有足够时间从整体上去分析，进而找到最佳路径，树立起自己的优势。

通过书面记录和总结，我归纳出了 50 个左右的关于投机和投资的重要观点。在后面的内容中，我会对它们进行重点阐述，本书的读者可以从中汲取有益的养分。

这些重要观点蕴含的基本原则很多既适合于投机，也适用于投资，因此我将它们放在一起讲解。

审慎地分析公司，进行稳健投资是资本增值的好办法；通过预判价格波动进行科学投机也是让资本增值的好办法。无论投资还是投机，最终都是为了增加个人的财富。不过，就个人而言，每个人适合的方法是不同的。

我的首要和最终目标是保值和增值。 我之所以采用了"首要"（Primary）这个词，是因为保值是第一个目标，也是最为重要的目标。我使用"最终"（Ultimate）这个词，是因为获利是交易的最高目标。每个从事金融交易的年轻人都怀抱着伟大而炙热的梦想，他们为自己和家人而努力，为现在和未来而挥汗如雨。

交易的梦想不会死去，只会凋零。伟大的操盘手詹姆斯·R.基恩（见图11-1）直到年迈时，仍旧坚持交易。不过，大多数交易者都喜欢能够

Jampes R. Keene
Who advised the "absolute limitaion of risk" in market operations.
Keene was one of the shrewdest traders Wall Street ever knew.

图11-1　詹姆斯·R.基恩

在 60 岁之前功成身退，拿着大把的金钱过着无忧的晚年生活。

因此，**投资比投机更适合那些想要衣食无忧的人。将投资所得再度投入到增长的资产上，与好的公司一起成长，遵循复利原理实现财务自由。**

一个人或许不适合投机，那么他应该尽早放弃投机，转而努力做一个投资者。如果连投资也不适合他的话，那么他最好将钱放在银行或者干脆投资地产或者是固定收益率资产。

我的一位朋友曾经持有 10 万美元的债券，他将其中一部分作为抵押，融得的资金投入到股票上进行操作。这些债券是他在工作后开始买入的，给他带来了稳定的收益。他在股票上的交易频繁，绩效不佳，于是他失去了一些抵押的债券。最后，他只剩下 5 万美元的债券了。他因此判断自己并不适合做股票交易，于是回到了继续买入并持有债券的轨迹。

经过几年的积累，他现在持有 20 万美元的债券了。偶尔，他会尝试一下股票投机，不过浅尝辄止。

倘若你有类似的经历，那么可以考虑这种最为稳健的做法。不过，如果你有排除万难的决心来做好股票投资或者投机，那么就应该承担更大一点的风险。**在投资或者投机**

性格会妨碍客观看待问题，无论是何种性格。性格就是一种"偏向"，只要有偏向，就很难客观看待事物。

中，洞察力和判断力是非常重要的，如果你选择了低劣的标的，那么就不仅需要从能力上找原因，也需要从性格上找原因，因为两者都能妨碍洞察和判断的有效性。

在投机中，不停损而被套牢，这是糟糕的体验。交易者必须学会接受亏损，修正错误。要毫不犹豫地结束那些错误的头寸，寻找新的机会，好的标的不仅能够弥补先前的亏损，还能带来利润。投机者应该反复询问自己是否能够找到更好的标的，金钱永不眠，不要错失大机会。投机与商业类似，需要提高周转率，这样才能赚到大钱。

一个交易者的资金应该在一段时间内得到最大限度的利用。无论他是从事投机，还是投资。但是，无论如何利用，都不能忽视本金整体的安全性。过度交易是需要避免的，否则交易者一旦遭受重大挫折就需要重新积累。将资金配置在不同风险水平的资产上，一旦发生意外，交易者可以将部分低风险资金兑现来补充投机或者投资的资本。

当然，最好不要等到亡羊补牢的阶段。交易者的头寸如果处于亏损状态，且超过了一定的幅度，他就应该立即离场。**无论他的资金是多少，如果他能挣钱，那么很少的本金也能够开始；如果他不能挣钱，那么再多的本金也无济于事。**

要充分地利用资金，就必须持续寻找好

金融市场最不缺的是钱，缺的是竞争优势，缺的是有效的策略。

的机会。例如，你在 90~95 美元区间买入一只债券，预判其会上涨到 110 美元。持仓过程中，你发现另外一只可转债，获利潜力要大得多，那么你就应该转换标的了。

又如，你持有一只优先股，收益率为 7%，为股息率的 1.5 倍。这个时候你发现另外一只优先股，其收益率为股息率的 3~4 倍，在这种情况下你就应该更换投资标的了。

总之，金融交易者，无论从事投资还是投机，都必须清楚自己的行动，明白什么可以做，什么不能做。耐心在交易中很重要，但也需要采取恰当的变化。冷静，不要过早放弃，但也不能执迷不悟。**我见过无数的投资者或者投机者，但是他们当中只有极少数人能够成功。**

即便成功的比例很低，但是绝对数目仍旧有成百上千。我想要和大家分享成功者的经验。通过剖析各种典型，我深知什么样的方法最适合普通人。

不过，在这个市场中博弈的人都过于自信了，虽然他们从不会认为自己是优秀的医生或者律师，但是他们却毫无根据地认为自己是优秀的投资者或投机者。

成功的商人屈指可数，即便绝对大多数人都在勤劳地从事商业活动，但是在商界登顶的人寥寥无几。华尔街何尝不是如此呢？无论从事金融交易的人有多少，成功者都是

> 凡是竞争激烈的博弈，赢家都是极少数。金融交易之路非常艰难，当然成功之后的收益也是异常丰厚的。

凤毛麟角。

金融交易比商业更具挑战性。当人们从事商业的时候，更容易从失败和错误中吸取经验教训，避免再度犯错，最终成为优秀的企业家。不过，这样的快速学习和成长路径并不适合金融交易。极少的人明辨两者的差异。那些从事实业的人来到金融市场之后，往往意识不到问题所在，而且经常逃避失败带来的教训，以至于经常重复同样的错误。最终，他们完全踏错市场的节奏，当然也成不了一个成功的交易者了。

人们认为医学和法律，乃至商业都需要花时间研习才能掌握，但却认为金融交易仅仅凭借个人聪明就能取得成功。

交易是需要相当长的时间去研习的，需要下苦功夫才能掌握。不过，现在大多数人都缺乏这种热情，无论是在心智上还是在身体上都缺乏劳作的动力。他们厌倦艰苦的工作，喜欢玩牌或者是其他娱乐，哪怕一小时的辛苦也让他们吃不消。不浪费时间的人愿意为自己的人生承担起责任，游手好闲的人则寄希望于让孩子为自己养老。

金融交易可以简单划分为投资和投机，一个交易者或许要在踏入市场多年之后才能弄明白自己适合做投资还是投机。

洞察力的培养是非常重要的。那些最具洞察力的人在证券市场上最为成功。洞察力

无论是投资还是投机，发展并且完善出一套规则是非常重要的。规则是竞争优势的来源，恪守规则就是在利用竞争优势。

在金融投机中非常重要，缺乏这种能力的交易者纯粹就是在乱赌一气。

已故的 J.P. 摩根的最大优点之一就是强大的洞察力，因此他经常能够预判到经济和金融格局的重大变化。这种预判有时候甚至能够先于局势变化之前一个月做出，着实令人惊叹。他做出预判时，普罗大众甚至根本无法理解。这就是伟大人物的显著特征之一，他们的见识卓著，总是领先于众人。

出类拔萃的洞察力加上雄厚的实力让摩根在金融市场上叱咤风云，美国钢铁公司（U. S. Steel Corporation）的组建和运作就是其杰作之一。远见让他不仅成了金融巨擘，而且在美国工业史上建立了不朽功勋。

另外一个金融巨擘 E. H. 哈里曼也是因为其卓越的洞察力而成功的。他成功地预判到了联合太平洋铁路公司与南方太平洋铁路公司的辉煌前景，并因此而致力于创造一个铁路商业帝国。

每个人手头都有一份工作，哈里曼与我们一样。通过在这份工作上努力提高自己的洞察力，加上其他要素的相辅相成，我们就能变得非常优秀，创造出极其丰硕的成果。

无论是否在金融交易领域打拼，无论你从事什么样的事业，培养洞察力都是有价值的。我个人所取得的各种成就大部分都要归功于自己培养起来的洞察力。正是因为有了

洞察力非常重要，那么如何培养出金融市场上的洞察力呢？可以从三个方面入手：第一个方面是驱动面，或者说基本面，上市公司的竞争优势、题材性质、货币政策、经济周期是关键因素；第二个方面是心理面，共识预期、风险情绪、基金和散户仓位是关键因素；第三个方面是行为面，重点是趋势、位置和形态三个要素。具体可以参阅《股票短线交易的24堂精品课》一书的详细论述。

这种洞察力，我才能成功地预见到未来的发展。

与其依赖别人的意见，不如依靠自己的判断。如果你无法做出有效的独立判断，或者根本不知道如何独立判断，那么最好继续研习下去，直到你能够这样做才能开始正式交易。

在华尔街，所谓的内幕消息不绝于耳，每个传播这类消息的人都声称自己具有特殊的人脉关系。但是，我发现独立思考和决策的能力远远胜于所谓的内幕消息。即便一个交易者还未最终成功，只要他坚持独立思考，那么成功就离他不远了。华尔街散布着各种消息和所谓内幕，几乎所有人都热衷于宣扬自己的观点，交易者很容易被蛊惑，但事实上这些观点并无太大价值可言。

假设你的一位朋友正在买入纽交所上市的某只股票，他将所有信息都透露给你了，你也跟着买入了。在你买入后，账面确实出现了浮动盈利，于是你开始迷信内幕消息。但问题是，你不知道什么时候离场。当市场波动剧烈时，或者你无法继续依靠朋友时，又或者是你朋友无法预判市场时，你就处于完全的被动之中。

如果你因为听从内幕消息而赚了一些钱，自信心往往会因此爆棚。你自认为非常了解华尔街的游戏，于是你会在下一笔交易

纷繁世界的最可靠盟友是你的洞察力和实力。情感、关系和利益都是无常的，想清楚这点，你就不会再迷茫与痛苦。

中更加冒失，不撞南墙不回头。

无论是在华尔街，还是在其他地方，最让人自豪的事情，无非是通过自己的努力来获取财富。每个人都想不劳而获，但只有少数人能够认清现实。

大多数人都是错误的，如果你盲从大众，那么注定也是错误的。在这个世界上，许多人不是靠理性分析或者他们习惯于赌气行事。如果你想要成为赢家，那么就应该像少数派学习，下功夫研习策略，为你成功的一生奠定坚如磐石的根基。

倘若你已经通读了《华尔街杂志》的所有文章，5~10年后却仍旧在寻找所谓轻松致富的秘诀，这无疑会让我感到沮丧。如果大多数读者在《华尔街杂志》的指引下，奋力前行，刻苦研习，最终取得成功的话，那么我会倍感欣慰。

位于华尔街与证交所之间的新街（New Street）是一个有意思的地方。每当阳光绚烂的日子，这里就会聚集大批的人，一些华尔街名流也会在这里高谈阔论，吹嘘他们的业绩。

事实上，这些所谓的名流往往都是一些华而不实的人，他们最喜欢的不过是过嘴瘾而已。他们过去或许是颇有建树的实业家，但是一旦踏入金融界，则变得无比悲催起来。他们或许在经纪公司的交易大厅待不

在这个世界上，资源是稀缺的，个体只有具备竞争优势才能获得稀缺的资源。少数人占优了大多数的资源，因为少数人具备最强劲的竞争优势，无论这种优势源自他们自身还是他们的父辈。人生不是短跑，而是接力跑。竞争不仅是个人的比拼，也是家族的比拼。但是，我们不能去埋怨自己的家族，只能靠自己去复兴所在的族群和国家。

住，想要出来找点有价值的内幕消息，但实际上只有那些街边小贩会认为他们是真正的金融赢家。他们对市场方向指手画脚，但却抓不住任何机会。

为什么他们会有听众呢？因为有大量的人都不愿意独立思考。

当今的金融市场变得越来越复杂，除非你具有丰富的经验，而且善于独立分析和抉择，否则很难在这个市场生存下去。简单地类比是无法理解市场的，市场处于持续变动之中。**市场的异动最值得我们去深入探究，恐慌与亢奋的阶段最值得我们警惕。**

丰富的经验对于成功的交易而言是必要的，而这需要时间的累积。倘若一个交易者从来没有经历过股市的恐慌，那么当他正在经历这种情况时就会变得焦躁不安，最终做出不理性的决策。相反，如果交易者经历过恐慌，甚至曾经在恐慌中成功抄底，那么当他再度面临这种情况时就能从容而正确地面对，从而抓住大机会。

交易者需要多年的沉淀，才能成为市场赢家。或许这种说法会让你感到沮丧。但你反过来想一下，实业又何尝不是如此呢？最优秀的商人、律师和医生又何尝不是如此呢？

无论你从事何种行业，学徒阶段都是无法排除的。金融交易不是致富的捷径，或许一笔交易可以让你成为富豪，但是为了做成这笔交易你已经苦练了十年。如果你想要轻松致富，那么金融交易并不适合你。**挣钱也许很轻松，但是学会挣钱却非常艰辛。**如果你希望自己以后能够体面和轻松一点，唯一的办法就是现在多努力。

未来掌握在你的手中，取决于你现在如何努力。汗水浇灌了收获。既然选择了远方，那么风雨兼程便是唯一的选择。

对于金融交易而言，最重要的学习是在交易中完成的，即便你认真阅读了二三十年的金融专栏或者书籍，也无法替代一丁点儿实践带来的进步。花时间去交易证券吧，从亏损中找出原因，找出盈利的秘诀。

第十二章

保护你的资本
Safeguarding Your Capital

> 保护本金应该成为交易者的第二天性。
>
> ——理查德·D. 威科夫

成功交易的关键不在于你能否通过资本赚钱，而在于你能否保护资本，在亏损未伤及元气的情况下停损。

良好的开始对于任何事务来说都是比较重要的。正如此前数章提到的那样，在涉及交易之前我已经花了八年的时间处理相关的事务，当我正式踏入交易这个行当时，我又花了整整六年时间进行学习，然后才开始正式进行操作。每个人的情况存在差异，具体的学习进度需要根据自己的情况来决定。你可以先学习一段时间基本理论，然后入场利用小资金进行试验。无论你准备什么时候实践，在此之前一定要透彻理解一些经典的理论。

成功源自充分的准备，实践之前打下坚实的基础是必要的。正如一个优秀医生的成长过程。首先他要接受医学院的培训，然后到门诊部和急救室实习，经过若干年的实践

巴菲特在正式投资之前，经历了相当长的学习时间。他年幼的时候就阅读了许多技术分析类的书籍，并进行一些数额很少的交易。整体绩效并不好，后来他拜在格雷厄姆门下当了好几年学徒。得到老师的肯定后，他才回到家乡正式开展投资业务。海龟交易者们也是在理查德·丹尼斯的严格训练下才成长起来的，现在仍旧活跃于商品和金融期货市场。

之后才能获得行医执照。

不过，踏入华尔街的人们却往往并未接受充分的训练就进入到市场的搏杀中。匆忙投入大笔资金之前，请先耐心地获得相关的职业素养，只有这样才能成为市场的赢家。

我曾经在《华尔街杂志》的专栏文章中强调如果你缺乏相关的专业知识，那么就不要鲁莽交易。在这里，我要不厌其烦地再度强调这一点。

最近一段时间，纽约股市的成交量相当低迷。正常情况下应该400万~500万股的日成交量，但现在的日成交量只有100万~200万股。金融是美国经济的核心，很奇怪整个国家和社会都并未意识到这点，对于金融市场的萎靡不振袖手旁观。此前市场的惨烈使许多人退出了证券市场，而这些人之所以对市场失去信心和兴趣，根本是因为他们在未经系统培训的情况下抱着很高的预期进入。

要想增加大众对金融市场的参与信心与热情，金融机构必须对客户进行培训。我们在这个方面做出了很大的努力，以成本价向一些重要机构提供培训手续，以便他们经手的客户能够对金融市场形成清晰而正确的认识。当客户们持有更加正确的观念，懂得保护资本，那么他们就更容易在市场中生存下来。对于证券公司而言，则有了更多的长期客户。当然，有些公司听不进我们的忠告，他们不注意保住客户，而是花费很大的精力去开发新客户。随着市场的成熟度不断提高，券商们会开设培训，对那些刚入市的新手进行培训，告诉他们什么做法是有效的，什么做法是无效的。

在华尔街上能够长期交易下去的人，只有两种：第一种人是有其他收入来源，并且能够源源不断将资金投到金融市场上的；第二种人则是能够持续从市场挣钱的。遗憾的是大多数交易者既缺乏源源不断的资金供给，又缺乏有效的交易策略，自然就成了市场中待宰的"羔羊"了。

法律规定，律师和医生需要经过专门的考试才能上岗执业，但是金融交易者却没有任何的考试来审核。如果券商们能够为自己的客户提供

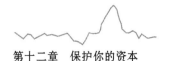

培训，并且通过考试来检验，那么对于这部分交易者而言是幸运的。司机需要取得驾照才能考试，这样可以避免许多车祸事故；同理，交易者也需要接受培训，这样才能保护本金，免予破产。

保护本金应该成为交易者的第二天性。无论你的浮动盈利多么丰厚，无论你的智商多么高，如果你不懂得保护本金，那都是"竹篮打水一场空"。任何交易者都会亏损，这是不可避免的。所谓的保护本金就是只保存大部分资本，不伤及元气。正如爱尔兰人的口头禅那样："**受伤总比被杀好！**"

缺乏经验的交易者容易偏执一端，要么过度交易，要么不停损。即便是 100 美元的小额资本，交易者也面临权衡，选择恰当的交易规模。但许多交易者对于仓位管理毫无概念，他们意识不到自己已经过度交易了。盲目操作的风险是无法管控的，毫无准备的新手在缺乏研究的前提下大举买卖，无疑是愚蠢的行为。

大众并不比新手更为聪明，因此毫无主见地跟随大众是危险的。**在市场的顶部或者底部，大众的观点往往是错误的。**当证券价格跌到很低的位置后，波动率下降了，很多人心灰意冷地离开了市场，大众绝望了，这个时候底部往往就来临了。当股价涨到很高的位置后，狂热的乐观情绪弥漫整个市场，

只要不死，就没有失败！只要不放弃，就不算失败！这个世界上的输家只有两种：自杀者和放弃者。

记住我的口诀：大众存在分歧时，行情继续发展；大众高度一致时，行情临近反转。

或许有高达 95% 的人继续看涨，这个时候顶部往往就降临了。在狂热中，大众蜂拥而至，加速上涨赶顶。

牛市会持续数年时间，股价会稳定上涨，小额的投资很快就累积了丰厚的浮盈。不过，在顶部附近主力在卖出，而缺乏经验的新手却大举买入。主力的持续抛售导致股价突然出现暴跌，恐慌蔓延，两年累积的财富在一两个月的时间内化为乌有。

或许你会自信地说自己并非普罗大众的一员，因此不会犯这些错误。但事实上，除非你接受过专业而系统的培训，否则你就会盲从大众，在底部挥泪割肉，在顶部激情买入。你越早意识到这一点，则越早成功。

普通散户和专业人士的区别来自是否接受过系统而科学的培训。如果你接受过系统而科学的培训，那么就不会最终沦为"羔羊"。自知者明，**要成为一个赢家，首先要了解自己。**

有效的策略加上本金，可以让你成为市场赢家。而有效的策略源自科学的理论，可以通过专业学习获得。如果你既缺乏有效策略，又缺乏本金，那么合理的做法是先研究出有效的策略，再积累足够的本金。

"初生牛犊不怕虎"，刚踏入华尔街的人除了信心和资金之外，还缺乏必要的竞争力，他们总是迫不及待地进场买卖，生怕失

> 股市是存在阶级的，提升你的观点，才能摆脱"羔羊"的境遇。

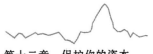

去了赚钱的机会。其实，金融市场永远都不缺乏机会，缺乏的是足够的洞察力和仓位管理能力。大部分人忙于进进出出，根本看不清楚机会所在。耐心胜过鲁莽，好的机会需要足够的耐心。

如果你有心步入金融交易这个行当，那么就要趁着年轻花费五年的时间来学习和试验，在这个过程中看自己适合什么类型的交易，投资还是投机。在这五年的时间里面，他或许已经积累起了一笔资本，如果有效策略也形成了，那么就可以进行正式的交易了。

当然，并不是所有人都有信心和耐心将金融交易作为事业来做，有些人或许只是想将其作为一个兼职而已。即便这样，如果你想要成功，也必须付出相应的时间和精力。知识可以很快获取，但是要耗费足够的时间来实践。

无论是在试验过程中，还是在正式交易的过程中，都要牢记一点：**保护你的资本，不要伤及元气**。先掌握相关专业知识，再进行持续实践。

那些伟大的股票操盘手是我们学习的典范。从他们身上可以学到许多有用的知识，模仿他们的操作是有意义的。当然，模仿也需要科学的方法，而不是简单照搬。

优秀的老师可以加速进步。我小时候喜欢音乐，也师从过许多人。其中一位老师比

现在流行一种"场外资金管理"。具体而言，就是场内虽然重仓，但是场内的资金只占整个资产的很小比例。

其他老师更善于引导我进步。他先让我对音乐产生了兴趣，进而勤奋练习。另外，他还带我观看精彩的歌剧和音乐会，让我接触伟大的作品，并细致入微地讲解其中的原理。当我练习钢琴或者手风琴遇到困难时，他会亲自示范存在困难的地方，帮助我克服。在他的教导下，我进步迅速，对音乐的热爱持续终生，并为此投入了大量的精力和金钱。

金融交易也需要优秀的老师来引导自己。但是，你不可能要求一个伟大的交易者坐在你面前辅导你。不过，你到时候可以通过阅读那些经典的作品来获得指引。图书馆里面有许多关于金融交易的经典书籍，书中的思想经受住了几代交易者的检验，你可以从中汲取有益的养分。

现代社会，无一技之长的人必然无立足之地。而技能来自专门的培训，只有这样才能取得竞争优势，最终获得成功。**好的愿望并不能改变结果，南辕北辙的勤奋也无济于事。**有效的培训带来竞争优势，而轻视培训的人则容易遭受失败。

第十三章

如何在华尔街亏掉数百万美元
How Millions are Lost in Wall Street

> 投资的最佳买入时机是什么？是大众一致绝望的时候；
> 投机的最佳买入时机是什么？创出新高的时候。
>
> ——魏强斌

许多年前，在纽约场外交易所（New York Curb）有一只名叫阿灵顿铜业（Arlington Copper）的股票。这家公司有一个世纪的历史了，不过其矿石品位却很低。有人推销这只股票，并说随着提炼工业的进步，这家公司的业绩将大幅提高。

阿灵顿铜业的矿场坐落在新泽西的阿灵顿小镇，投资者从泽西市（Jersey City）乘坐20分钟火车就能抵达这个小镇。

那么，是否那些准备买入这只股票的人会前往这个小镇一探究竟呢？这些人大多显得忙碌，他们要在晚上六点半之前赶回家吃完饭，参加各类社交活动，他们根本不愿意花费一点时间去调研一下这家公司。哪怕他们投入了不少的资金到这只股票上，也抽不出时间去实地探访一番。阿灵顿铜业与其他"耀眼的泡沫"一样，很快消失在历史长河之中。

为什么当时有那么多人买入这只股票，最终吃了大亏？因为他们基本上不做任何调查和研究，只是盲从他人的建议。在交易上，来不得半点虚假功夫。

很多年之前，我就明白了投资前进行调研的重要意义，这个步骤是必不可少的。特别是在涉及专利方面的风险投资更是如此。每年有大量的新专利面世，但是绝大部分都不具有任何商业价值，很快就会被遗忘。如果你不进行深入的调研，就会盲目在某些毫无前途的专利上投资，最

终就会亏掉一大笔钱。有专业的工程师告诉我，事实上 97% 的专利毫无市场前景，但是这些专利持有人会极力鼓动投资者参与其中。

总之，由于许多专利投资者并未对商业前景、财务回报和技术壁垒等问题进行充分调研，因此他们亏掉了很多资本。从这个角度来讲，专利投资者也需要学习如何保护自己的资本。

在进行专利方面的投资时，如何进行调研呢？例如，某个专利持有者发明了新型洗衣机，他希望引进投资者，投入 2.5 万美元来开发这个产品，他会给投资者 51% 的股份。在投资之前，专利持有者允许投资者进行调研。你和朋友决定参与其中，但你们并没有进行深入的调查，而仅仅是找了一个洗衣机行业的相关人士进行咨询。但是，这个人并非专业人士，对专利并不了解，他只是在销售全美众多洗衣机中的一款。他只能参照自己销售的那款洗衣机来评价你准备投资的专利。最终，你和朋友的投资只能碰运气了。

在投资之前，花费数百甚至数千美元进行认真而系统的调研可以极大地提高投资的成功率，从而起到保护资本的作用。无论你是投资专利，还是油气、矿业、铁路等行业，都是如此。没有认真的调研，就难以有效地保护资本。

我持有一家上市公司的股票，这家公司最近正在考虑向市场投放一种新的产品。公司需要考虑如何进行具体的定位和营销。在最终拍板之前，公司决定对整个行业进行一次全面的调研。再在调研的基础上进行新产品的开发和营销。这种审慎的做法让这家公司在市场上取得了极大的成功。

我所认识的某个资产管理公司只从事投资操作，从不投机。这家公司在投资之前会先找一两个人进行调查，他们甚至会询问证券经纪人的观点。从经纪人那里可以获得一个新的视角。当然，我个人认为在询问经纪人之前，投资者应该已经有了明确的调研目标。毕竟，经纪人的基本工作是执行客户的交易指令。如果你缺乏明确的调研目标，那么就很

可能变成盲从经纪人的观点。或许很多人反对我的观点，不过以后有机会再详细解释这一点吧。

如果你对某个行业的了解程度不深，同时也没有时间去亲自调研，那么可以委托他人进行调研。在前面的章节当中，我讲述了自己委托专业人士调研矿业股的经历。在这个人过程中，我聘请了矿业工程师完成调研。因此，委托行业专家进行调研也是一种重要的调研方式。

矿业只是我调研的一个领域。在华尔街，有许多工业企业上市，其中有许多优秀的公司值得调研。不要相信股票承销机构的溢美之词，现在许多股票的价格只相当于发行价的几分之一。

华尔街充满了陷阱，我们需要甄别各种骗局。金融界充斥着想要从别人口袋捞钱的人，其中有很大一部分人并无道德和法律意识可言。有些人愿意帮助你，进而"双赢"；另外一些人只是想占你的便宜。你需要有效地分辨这两类人。

如果你亲自去调研，那么就需要具备丰富的行业知识，非专业人士是无法完成的。如果你要调查费城公司（Philadelphia Company）或者是市政服务公司（Cities Service）、俄亥俄城市燃气公司（Ohio Cities Gas）等这类企业，那么就要求非常专业的行业经验了。

投资需要进行深入的调研。2016 年末到 2017 年初，在买入涪陵榨菜之前我曾经在天猫和欧尚等超市进行调研，专门买了许多牌子的佐餐调味品进行品尝和分析。白酒和中药这些具有"市场专利"的品种已经被大众所知晓，而调味品其实还处于大众的盲区之外。我在网上检索了大量的相关研报和材料，专门花时间观看了该公司董事长接受专访的视频，对比分析了老干妈和海天味业等调味品公司……做了非常多的功课。当时，这家公司正处于并购后业绩调整的阶段，财务没有延续此前的辉煌，但这明显是暂时的现象。有些人将涪陵榨菜股价的上涨归结为消费降级，那是没有把握到问题的本质。

当然，对于普通投资者而言可能不需要具备如此专业的知识，只有那些大型投资机构才需要进行非常深入而全面的专业调研。

美国钢铁公司的情况有所不同。这家公司是行业龙头，其财务报告被广泛关注和解读，钢铁行业也容易被大众所理解，因此这类调研难度相对较低，许多人参与了美国钢铁公司的投资。如果有一家公司的运营容易被看懂，那么投资者的调研也相对比较容易。倘若这家公司的业绩比美国钢铁更优秀，那么投资者可能就会卖出美国钢铁，买入这家公司的股票。当然，事实上美国钢铁非常优秀，而其他公司的业务过于复杂，难以理解，要么业绩不如美国钢铁。因此，在现在的美国股票市场上，美国钢铁的投资价值盖过了绝大多数股票。投资者通过横向比较找出了那些最适合他们参与的个股。

投资之前要进行有效的调研，我们强调了调研的必要性，也简单介绍了一些调研的思路。当然，还有很多角度和方法我们无法一一提及。选定潜在标的之后，我们就需要判断买入时机了。

今天，我同某个投资者探讨了买入时机的问题。此君谈到最近有一家大公司的股票正在下跌中，但是其基本面仍旧稳健，因此他搞不懂两者背离的原因。

投资的最佳买入时机是什么？是大众一致绝望的时候；投机的最佳买入时机是什么？创出新高的时候。

144

我给出了自己的解释。股票除基本面的影响因素之外，还存在技术面等影响因素。这家公司的管理层优秀，财务良好，盈利前景光明，就算股价上涨 30 个点，估值上也不算贵。但是，这些仅仅是基本面，股价还受到了技术面的影响。**基本面给出了买入的理由，但是我们也还需要从技术面的角度寻找入场时机。**如果你是投资者，那么就应该综合分析基本面和技术面，确定一个良好的买点，择机买入。

任何交易都存在一个最佳的时机，投资也不例外。投资者需要确定这个最佳时机，这需要长期的实践。当然，只有少数投资者明白时机的重要性。

为什么许多价值投资分析师时常出错？一个重要的原因是他们忽略了技术面与时机。忽略了时机，就好比一把枪没了扳机。

卡耐基建议"将所有鸡蛋放进一个篮子里面"加以照看。他是业界大佬，说的话肯定有合理性，但是这句话在投资领域并不完全合理。

为了避免在华尔街亏掉数百万美元，你需要合理分散地持有各个行业的股票，这样可以降低资产组合的波动性。

在美西战争爆发前，美国军舰上的瞭望塔是钢板制作的，很容易被对方的炮火摧毁。不过，聪明的美国海军用钢丝网制作瞭

投资者如何利用技术面？通过舆情和成交量确定大众一致悲观点？长期均线跟进停损？极度亢奋点减仓？估值与技术指标结合？

格雷厄姆基于"市场先生"这个概念来把握时机。

望塔，这样就可以承受十几次甚至更多次的炮击。

投资者应该分散自己的资产，正如火灾保险公司不会只承保一栋大楼一样，这样才不会因为重大事件而一败涂地。

无论投资者的金额有多少，应该尽量投资多个标的，如果资金很大的话，应该投资 10~20 个标的。这些上市公司的行业和所属区域应该存在差别。这样你的资本就能得到有效保护，不会遭受重大的亏损。寻找恰当标的的过程，你会进行横向比较，而这会进一步丰富你的行业知识。

当你深入研究时，公司的前景就体现出明显差异了，一些公司更具竞争优势。如果你想选出大牛股，那么就要具备丰厚的行业和公司知识，善于统计和分析，这样才能成为优秀的投资者。

第十四章

洞察持股者的重要意义

The Importance of Knowing Who Owns a Stock

> 只有大资金大举吸筹，才有大行情可言。因此，掌握持股者的情况是非常重要的。最重要的持股者是主力。相对而言，散户是乌合之众，难以驾驭个股走势，他们是市场转势的最大受害者。
>
> ——理查德·D. 威科夫

知道某只股票或者某个板块是否有主力非常重要，主力可能是庄家、内幕人士、游资、基金或者大户。当然，你也经常听到说某只股票处于并未被主力持仓，而是处于散户手中，散户属于市场弱势一方。

在交易之前，我们必须知道相关个股和板块的持股者情况，这对于操作非常重要。通过跟踪大资金和聪明资金的踪迹，我们的交易胜算率就更高。例如，投资银行不会轻易买入证券，除非它们觉得有大机会。因此，大的投资银行大举买入某只证券，往往意味着这只证券有很大的上涨空间。那些联合坐庄的机构则会在大众不关注的时候吸纳筹码，进而控盘某只股票。庄家不会大张旗鼓地吸筹，这个阶段只有少数人知情。主力的操盘手善于洞察各路玩家的心理，除非他们有把握在高位寻找到足够的接盘者，否则

通过哪些渠道可以了解主力呢？第一，在打开的股票行情软件中按下键盘上的 F10 键查看前十大流通股股东；第二，席位或者说龙虎榜；第三，盘中异动大单；第四，涨跌停板；第五，量比；等等。

主力善于利用市场情绪完成筹码交换。

不会在低位买入。

证券市场中的大资金直接运作许多股票，因此会部分影响到整个大盘的走势。但整个股市中的浮动筹码减少后，大盘就容易上涨。主力确实可以影响短期市场和个股，甚至板块，你可以将这类影响称为"坐庄"或者"操纵"。这种现象在此前的市场中比较常见，以至于长期以来大众一直认为主力可以随心所欲地控制股价波动。

但事实上，**坐庄的人也面临巨大的风险，他们也需要弄清楚市场中各方的想法和动向**。联合坐庄的机构会定期进行会晤，便于交流和协调，他们会一起分析各类对手盘的想法和实力，这样才能更好地运作。不过，**大众是整个信息生态圈的底层，对主力的行动浑然不觉**。

与主力相对的是大众，一般称为"散户"。他们在市场上的数量最多，规模最大，他们缺乏专业知识，也没有组织性可言。理想状态下，他们或许能够组织起来对抗不良的庄家和上市公司，但是现实中却行不通。散户是主力的对手盘，没有了散户，主力的一切运作都是空谈。

除了主力和散户之外，场内交易者也值得我们单独介绍一下。场内交易者对于交易所的撮合环境和规则了如指掌，他们能够协同作战，买卖报价之间的差值是他们利润的

不知己，也不知彼，不知天地，每战必败。

主要来源之一。

总之，**证券交易的要点之一在于搞清楚持股者是谁，特别是主力的情况，他们的动机和实力如何。**

来看一个实例。数年之前，在反铁路垄断运动兴起之前，铁路公司利润丰厚，许多大型的投资银行控股了铁路公司。这些投行财团分别控制了不同的铁路股票，例如，洛克菲勒财团控制了圣保罗铁路公司（St. Paul Railroad）、纽黑文铁路公司（New Haven Railway）；哈里曼—库恩·勒布（Harriman & Kuhn-Loeb）财团则控制了联合太平洋铁路和南方太平洋铁路等公司；摩根财团也控制了一些铁路公司。但现在，铁路公司的股权结构发生了重大变化，大多数股份都在散户手里面。

主力们早就卖出了筹码，这是他们兑现利润的权利。**高位的筹码交换完成了，主力们获得了资金，散户们获得了筹码。**散户们普遍持有 10 股左右，但是也有表决权。除非出现重大变化，否则这种股权结构将维持下去。

由于散户的积极参与，铁路股的交投变得更加活跃。流动性提高之后，对我来说是好事，这样我就很容易参与其中。我密切关注铁路板块的变化，以便从中看出趋势。如果主力没有介入，那么就是散户在主导市场；如果主力看到上市公司基本面优秀，而估值很低，那么他们就会低调地吸纳筹码。虽然不是所有人都同意这些描述，但整体上差不多就是如此。

当我观察到大资金吸筹的迹象之后，那么铁路板块迟早会出现大行情。**吸筹的迹象直接体现在盘口变化上。**

只有大资金大举吸筹，才有大行情可言。因此，掌握持股者的情况是非常重要的。最重要的持股者是主力。相对而言，散户是乌合之众，难以驾驭个股走势，他们是市场转势的最大受害者。

大资金有明确的盈利目标，对于标的有明确的筛选标准，他们专业而理性，他们看好的标的有很大的胜算率。他们密切关注市场，寻找一

切潜在的大机会。

与主力的专业和理性相对照的是散户的盲目和非理性。他们看好某只股票并非是基于严密而专业的分析，只不过觉得某只股票便宜而已。他们崇尚直觉，拜倒在运气的"石榴裙"下。

数年之前的投资界与广告界一样，充斥着毫无证据可言的观点和认识。一些主力也试图利用广告来引导大众的预期和行为，这就使投资行为变得更加不理性。不过，现在投资已经逐渐朝着科学化的方向演进。

在撰写本书的过程中，我努力从具体的例子出发告诉读者们应该如何克服各种困难。在本书后面的几章内容当中，我着重讲述了一些个人的体悟和经验，希望能够给予你一些指引。

在结束本书之前，我想再强调一下标的选择的原则。此前，我就指出机会有大有小，回报率和胜算率存在差异。如果你能深入去分析个股，就会发现市场上从来没有两只价值一样的个股。在这个市场中，总有一些个股比其他个股更优秀。作为一个交易者，你必须找出最优秀的那些个股，这些个股数量极少，需要丰富的经验和专业的素养，加上勤奋努力才能被发掘。

交易之路并不平坦，它曲折而漫长。这个领域的学习是没有尽头的，掌握得越多越觉得自己无知，而这促使你加倍努力。

现在的美国人虽然爱学习，但是抵不过享乐主义。各种伟大的理想和愿望，在各类诱人的娱乐活动面前显得脆弱不堪。坚持学习的人很少，但必将成为栋梁之材。我有一位工程师朋友，他每天晚上都在睡觉前看至少一个半小时的书。这个良好的习惯让他在业界颇有建树，我们也可以养成类似的习惯，从而在金融交易中建立起强大的个人优势。

附录一

彼得·林奇的智慧法则：信息优势

> 在富达公司工作时，我不断从日常生活中找到超级大牛股的踪影，并因此获利甚丰。
>
> ——彼得·林奇

一、机会总在身边，兔子只吃窝边草

林奇喜欢漫步于各类商场，生活变成了投资分析过程，同时他也喜欢在旅游途中顺道访问各类公司，这时休闲也变成投资分析过程。米卢提出了"快乐足球"，而林奇则提出了"快乐投资"。在林奇看来投资并不是面对枯燥的财务数据，也不是埋首于抽象推理，投资是生活的一部分，可以套用一句："投资来源于生活，又高于生活。"林奇虽然是一位专业投资者，但是在专业投资者们看来他是一个离经叛道的人，因为林奇反对专业投资者的很多方法和规范，他曾经在自己的三本著作中对专业投资者大加批判，而且认为他们远远比不上那些业余爱好者。但是，林奇的业绩使华尔街对他爱恨交加。林奇在每本书的开头和结尾都会劝告个人投资者不要听信任何专业投资者和机构的建议，他凭着自己30多年的投资经验向个人投资者担保只要动用少部分的智力就可以超过华尔街专业人士的平均回报率。

林奇认为，人们总是习惯委托于专家，将自己的思想、选择和利益寄托于专家，其实专家在投资行业中并非真正的专家，因为投资涉及很多行业和无数公司，而专家们不可能接触每家公司经营的方方面面，精力和时间都不允许，而且这些拿着高薪的家伙非常讨厌需要跑腿的调研。

实地调研比财务分析更为准确及时，两者相辅相成。

《韩非子·说林上》："圣人见微以知萌，见端以知末，故见象箸而怖，知天下不足也。"

正是由于业余投资者对某些公司或者行业具有更为直接和及时地了解才使他们能够先知先觉，从一大堆公司中找到真正值得进一步研究的公司。而专业投资者就像在故纸堆中寻找新发现的迂腐学者，财务上最精彩的表现比不过亲眼所见的火热销售场景。但是，需要注意的是林奇并不反对财务研究，他认为这是一次成功投资必须经历的步骤，但是**拥有一定的信息优势更是一个成功投资的必要前提**。业余投资者与投资对象走得更近，所以他们往往在财务报表引起专业投资者注意前就已经注意到这家企业了，此时他们开始研究这家公司，而专业投资者则落后很多。所以，具有信息优势是投资的第一步，通过这一步我们找到备选的投资对象，然后再利用专业的分析方法进行研判。林奇始终坚信业余投资者如果听信于专业投资者的操作建议，就会浪费掉自己的优势，从而变成跟专业投资者一样后知后觉的人。

林奇认为业余炒股的人具有很多天然的优势条件，倘若有效地加以运用，则投资收益不可估量，他曾经列举了一个学校投资小组的骄人业绩，这个小组的平均成绩打败了任何华尔街经理，但是其组合非常平常，而是学生经常接触的产品的制造商。林奇所强调的业余投资者的"信息优势"与"能力范围"存在很大区别，"能力范围"强调的是投资者对于某个行业的了解和掌握，而"信息优势"则是投资者，特别是业余投资者对于某个公司的了解和掌握，而这种掌握来自投资分析之外的途径，比如作为这家公司的顾客等。另外，"信息优势"与"内幕消息优势"也有很大的区别，前者是合法渠道取得的优势，后者则是通过法律禁止的途径了解某些特别信息然后用于交易获利的优势。

林奇告诫业余投资者不要迷信那些专家，包括他自己，因为投资本来就不是一门精确打击的科学，所以在一个具体的问题上任何人都可能出错。为了避免出错，信息优势必不可少，而信息优势通常来自你身处的环境，那些在你的工作和生活中经常接触的企业通常是信息优势的来源，它们最可能成为你的超级大牛股。林奇建议个人投资者平时在自己生活、休闲和工作场所都留几分心神，即使简单的观察也可以发觉许多潜在的投资机会，而且要比那些专业分析师早很多。他甚至提出了具体的"生活投资法"，那就是**利用自己的信用卡消费账单来找出基本面很好的公司**，毕竟销售额是一家公司最真实的运营风向标；同时，如果个人投资者正好在某个公司或者领域任职，则会获得更加明显的优势，林奇认为投资者就要吃"窝边草"。

什么是"窝边草"？就是那些为个人投

《清夜录》："范文正公镇钱塘，兵官皆被荐，独巡检苏麟不见录，乃献诗云：'近水楼台先得月，向阳花木易逢春。'"

157

资者所熟悉的公司，这些公司往往与个人投资者的生活或者工作有直接的关系，这种关系来自真实的接触，而非纸面上的分析。那些大牛股都经常都产生于这类公司，比如沃尔玛、玩具反斗城、甜甜圈、戴尔电脑、迪士尼、吉列公司、华盛顿邮报、可口可乐等。相反，专业投资者则喜欢名字诸如国际基因重构之类的公司，因为这些公司显得更加专业和复杂，但是这类公司往往不会给投资者带来丰厚的回报。这些专业而复杂的公司一般都不能创造迅速增长的销售额，因为它们的市场一般不大，因为过于专业所以很难为普通百姓的日常生活所接触。凡是那些不能为老百姓日常生活和工作所接触的企业都不具有成为大牛股的潜力，但是专业投资者却非常喜欢这类远离老百姓的企业，认为越是高深的项目越能创造投资奇迹，殊不知这恰好搞反了。即使像戴尔电脑、苹果电脑和微软这样的科技企业，也是因为将科技与民用很好地结合起来，将先前复杂的东西傻瓜化、便捷化、低价化才使科技能够与百姓生活和工作联系起来，才获得了巨大的市场。所以，没有适合老百姓生活和工作需要的企业都无法获得巨大的市场，而没有巨大的市场，大牛股就是空中楼阁。

二、牛股相法靠常识

中国古时候有句谚语："真传一句话，假传万卷书。"其实投资也是一样，很多书籍和教程将证券交易弄得无比复杂，结果看书的人费了九牛二虎之力才搞懂，之后的实际操作却效果不佳，其根本原因在于这些书都为了追求高深和复杂而远离了投资的真理。投资的真理从格雷厄姆和菲利普·费雪开始正式确立，这就是寻找那些价值低估和成长性良好的公司，在市场严重错判其价格的时候买入。很多股票交易者根本无视这一法则，追求的是一些内在逻辑混乱的交易理论，比如抓涨停股理论，如果作者真的能每周，甚至每天抓到涨停，那么 40 周或者 40 天之后他就成为新的世界首富了。但是，很多证券投资者却误入这一陷阱。真正

的投资方法来自常识，每天开门七件事，柴、米、油、盐、酱、醋、茶，老百姓的日常生活蕴含着投资的终极真理，所谓日用而不知，很多时候我们天天使用的常识，天天所处的环境就是投资的缘起处。林奇要说的牛股想法就是一种最为有效和平常的投资之道，那就是重视从常识中获取投资机会。凡事留心，自然牛股多多。

打板是一种常见的 A 股投机技巧，谈者甚多，会者甚少。

　　林奇每年要参加无数的投资分析会、专家研讨会以及各种业内人士交流活动，但是这些正规的投资事务并没有给他带来真正的超级牛股。**投资功夫在投资之外，林奇发现大牛股的过程往往是在基金经理人的例行工作之外**。一家名叫 Teco Eell 的快餐店就是在他去加利福尼亚的路上发现的；沃尔沃则是他家人和友人最喜欢的汽车品牌；苹果电脑和甜甜圈是他的孩子的最爱；而 Legg 丝袜则是他老婆的最爱。这些股票都源自其生活，也就是常识带来了这些备选投资对象。

与大家一样的行为只能得到与大家一样的结果。

　　我们就来看看林奇是怎么发现 Legg 丝袜这只股票的，这个例子表明了林奇的牛股相法的关键所在。在 20 世纪 70 年代，林奇曾经带领研究人员深入分析了纺织业，对于纸面上的材料林奇掌握得非常透彻，但是这并没有帮助林奇从中找到一家好的公司。其实，当时的生产 Legg 丝袜的 Hanes 公司已经成为消费者的最爱产品之一，然而这些信

息并没有及时传到华尔街的机构投资者那里。不过，林奇的老婆却为林奇提供了信息优势。她作为千万普通消费者之一，对于 Legg 丝袜非常喜欢，她经常能去超市购买这一产品。其制造这一丝袜的公司通过在收银台的位置布点来销售其产品，这一做法迅速获得成功。同时，因为这类丝袜可以减轻抽丝现象，所以穿起来非常合身，购买也非常方便。这一产品获得了包括林奇太太在内的许多女士的追捧。林奇这个有心的人注意到其太太经常买回这种新牌子的丝袜，所以他觉得常识的力量不能忽视，必须深入研究这家公司。在经过详细的公司研究和财务报表分析后，林奇买入了这家公司的股票。之后，这只股票真的成为了一只大牛股，这再次印证了林奇式生活投资法的神奇效果。

消费者是最好的投资者！

虽然林奇取得了非常傲人的投资业绩，而这些业绩大多来源于他的常识选股法，但是林奇承认自己错失了太多机会，他认为主要根源还是在于自己没有将这种常识投资法的效用发挥到极限。林奇认为，那些与生活接触更为紧密的业余投资者是幸运的，因为他们身边充满了非常多的超级牛股，即使错过了其中的一些，也并不妨碍他们的最终表现。而专业投资者由于忙于抽象的分析而与日常生活相距太远，往往会失去挖掘这些极佳投资对象的机会。林奇认为由于自己管理的基金规模过于庞大，因此需要找到更多的超级牛股才能明显提高业绩水平，但是他的岗位却限制了他利用常识法进行股票初选，为了避免职业带来的劣势因素，**林奇通过妻子、子女和亲戚朋友来完成常识选股**，同时他总是利用各种机会接触这些公司的管理层，以便获得信息优势。**林奇认为，当一个人试穿一件衣服的时候，当一个人品尝一杯咖啡时，就是在做最好的基本面分析了**，光顾那些零售卖场，拜访那些管理者，这就是生活式投资法的全部。在一个投资者购买产品和服务的过程中，对于股票的直觉能力就形成了。个人投资者留心周围的环境，获得关于销售额和市场份额的及时消息，这些成就了一个领先于华尔街的投资者。在华尔街专家之前发现一只超级大牛股，这就是信息优势的全部要点。

巴菲特通过"能力范围"法则告诫投资者不要去碰自己搞不清楚的行业和公司，而林奇则通过"信息优势"法则告诉投资者一定要留意身边的企业，因为这些公司的信息更容易为投资者获得，从而获得最佳的投资机会，超级大牛股往往是从这些日常环境中诞生的。**林奇奉劝投资者利用日常生活来完成最初的调查工作，而不要一来就依靠纸面材料完成筛选工作。**林奇非常想知道为什么人们对那些搞不清楚的业务那么感兴趣，对

《反对本本主义》："你对于某个问题没有调查，就停止你对于某个问题的发言权。"

161

于那些复杂的公司充满幻想。很多投资者都喜欢将资金押在那些自己完全不了解的股票上。绝大部分投资者倾向于忽略那些日常生活和工作中能够近距离接触的公司，反而费尽心思去分析那些名字高深和业务复杂、产品非大众化的公司。是不是人类天性就对身边的事物提不起兴趣，似乎到手的东西总是劣于那些遥不可及的愿望。正是因为这种不珍惜身边事物的倾向使投资者舍近求远，缘木求鱼，最后的投资结果当然不尽如人意。

仅仅是通过常识来发掘股票是不够的，还需要进一步的研究。林奇认为，人们误解了他的方法，他一直澄清通过生活环境来发掘有潜力成为超级牛股的股票只是第一步，接下来应该进行全面和严谨的分析。

三、办公室投资者的劣势

林奇总是喜欢拿机构投资者作为讥讽的对象，因为他认为机构投资者就像动物园饲养的老虎，已经失去了适合其生存的环境，其运动和觅食技能严重退化。专业投资者是社会分工的一种表现，但是也是所有职业里面最让人觉得徒有其名的一个。**投资涉及的东西太多，但是专业投资者却想用一些二次信息来把握最复杂的对象。办公室好比牢笼，能够让老虎变成病猫。**林奇认为，华尔街和基金业的"潜规则"让专业投资者的长

《北史·杨素传》："少落拓有大志，不拘小节。"

处无法充分表现，只有那些特立独行的投资者才能取得令人称道的表现，而这类投资者真的是凤毛麟角，相当稀有，几十年来也就是那么几位，比如巴菲特、索罗斯、吉姆·罗杰斯、格雷厄姆、菲利普·费雪、肯尼斯·费雪、威廉·欧奈尔等。除了这些巨人之外，剩下的就是"侏儒"，事实上他们确实因为办公室的禁锢而变得"发育不良"，他们阅读同样的报纸和杂志，倾听所有金融和经济专家的语言，然后跟着大家一起做决策，这群人真算得上是行尸走肉的家伙。但是普罗大众却非常尊敬他们，支付给他们高额的管理费用，而这个费用通常不会与业绩挂钩。林奇认为在投资行业这个最需要年轻和创造精神的地方却几乎看不到青年人，在华尔街绝大部分基金经理都是那些中年男人，这些人抱着混世哲学，戴着各种头衔行走于金融世界。林奇认为这些基金管理者缺乏青年的创新以及老年的睿智，所以往往习惯于追随群体采取行动，往往根据眼前的事实采取行动。

　　办公室里的投资者除了上述这些显而易见的弱点，还有一个更为关键的劣势，就是信息劣势。林奇的智慧具体表现为六个法则，我们第一次将它们归纳出来呈现在世人的眼前，此前很多书籍包括林奇自己的投资著作都闪现了其中的某几个智慧法则，但是没有人将它们进行彻底而完整的说明，在本

《玉堂丛话·调护》："解缙之才，有类东方朔，然远见卓识，朔不及也。"

金融市场的最大竞争不是资本的竞争，不是技术的竞争，不是人才的竞争，而是观点的竞争。精妙卓绝符合趋势，但却为大众忽视的观点是最终的赢家。

书里面我们是要完成这项工作。所以，这里我们要从"信息优势"法则的角度来分析办公室里的投资者为什么如此滞后于业余投资者的直觉。林奇打趣地说，专业投资者先天就与大牛股绝缘，我们来看看林奇这样说的依据。

在先行的基金管理规则之下，很多投资者都依靠别人来完成思考，所以**市场中流动的信息是高度同质化的，没有人能够领先于别人发现机会，所有的市场上盛传的机会已经不是机会了**。市场效率论者认为当今证券市场的高度竞争化使那些依靠先知先觉的信息获得 α 收益的投资者不复存在。其实，这个看法只对了一半，现在的证券市场确实是一个充满竞争者的场所，但是身处这个竞技场的人们却大多具有依赖心理，所以一个看似竞争者众多的市场其实只有有限的几种信息在竞争。如果能够独立于这些信息和流行观点之外进行挖掘和分析，则我们可以具有信息优势，从而获取所谓的 α 收益。在别人盲目跟随的时候，去开辟新的道路总是有利可图的，但是绝大多数人首先在观念上就认为自己比不过别人，比不过专业投资者，在行动上表现为迟疑和懒惰。**专业投资依靠二次信息来发掘好的投资对象，而且大量的专业投资者都是这样做的，他们使用同样的方法对同样的财务报表和其他书面信息进行分**

析，因为他们同样努力，所以得到的分析结论几乎一样，这也注定了他们无法超越同人和市场。林奇称这种现象为华尔街的滞后效应。这一效应表明由于专业投资者在二手信息上进行雷同的思考，因此不能获得超乎同人的信息优势，同时也表明业余投资者却因为接触一手信息而具有超乎专业投资者的信息优势。

林奇以极限公司作为例进行说明。1969 年极限公司公开上市的时候，绝大部分机构投资者不知道这家公司，那些控制媒体的分析师们更不知道这家公司，所以整个主流市场都不知晓一家超级牛股出现了。一直到 1974 年，才有两位分析师跟踪这家公司，而这两位分析师都是女性，都是因为在偶然的情况下发现了这家公司。其中一位分析师是在机场购物中心闲逛的时候发现这家公司的，她意识到这可能是一家诞生超级大牛股的优质公司，于是她进行了深入的研究。一年在之后，一家不知名的基金购买这只股票，此时极限公司已经开设了 100 多家服饰专卖店。又过了 4 年，另外两家机构投资者介入这只股票。从 1979 年起该公司的股价从 0.5 美元上涨到 1983 年的 9 美元，但是在此期间也只有 6 位分析师关注它。到 1985 年，分析师们开始竞相推荐这一股票，专业投资者也疯狂买进这只股票，此时股价上涨到 52 美元附近。这个故事演绎了信息优势的含义，同时也呈现了机构投资者在信息获取上的劣势。专业投资者看似掌握了大量的精确数据，但是这些数据都是二手的和滞后的，而业余投资者看似只知道一些粗略的直观现状，但是这些信息却是第一手的和及时的。华尔街的专业人士往往都会往热门股票上凑，所以那些惹人眼球的公司往往引来大量的机构投资者和分析师。但是，林奇认为这些家伙并没有真正领先于投资大众，这些人患有"办公室综合征"，这使他们通常落后于常识投资者。

四、精密的预测往往输给普通的常识

现代经济学的发展倾向于硬科学化，而金融学更是有过之而无不及，

但是无论经济学还是金融学在解释有关投资现象时总是比预测时做得更好。现在一个无法否认的事实是，无论多美好的经济预测和股市预测在市场实际走势面前都一文不值，毫无可信度。**人类有做预测的天性，但是却往往没有相应的本领**，只有少数智者知道规避这一缺陷，所以提出了"能力范围"法则。这一法则强调凡事要在力所能及的范围内操作。巴菲特和林奇承认自己不能对股市和宏观经济的走势给出有效的判断，至少短期内是这样，而索罗斯则干脆将人类看作是天生存在认知缺陷的生物。

我们在投资时经常发现一个现象：赔钱的交易者总是喜欢盲目地预测，而且往往相当自信，而真正持续赚钱的交易者却忌讳所谓的预测，非常坦诚地认为自己没有这个本领去预测市场；市场中的那些大师往往反对预测，而那些菜鸟们却踊跃于预测。

很多时候我们需要回归最为朴实的道理，需要再次温习那些常识，史蒂芬·柯维重新温习了富兰克林开创的道德原则，他将人际交往由卡耐基的外在雕饰重新引导到正规上了来，一本《高效能人士的七个习惯》让全世界都知道了柯维，让那些醉心于伪装技巧的人们重新认识到原本那些朴实的道德法则。在投资界也是一样，**诚实对待自己比任何看似复杂而高超的技巧都更为管用**。投

预测本身并无对错，关键在于你用什么态度和方法去对待它。

Ray Dalio 也这样说过。

资中的诚实表现为承认自己的不足，在此基础上才是发扬自己的长处。林奇认为常识包括对个人德行的再认识，因为这些道德原则我们很早就已经知晓。我们醉心于精密的市场预测往往就是由于自负、无知和贪婪等违背德行的品质导致的。林奇认为，一个心智健全的投资者应该具备一些我们从小熟知的品德：独立、耐性、谦虚、灵活、勤奋、坦诚，敢于认错、敢于坚持经过事实证明的看法。

　　林奇作为投资界的泰斗级人物，与物理界的爱因斯坦有着惊人的相似看法，他们都认为最优秀的人不是最高的那一小部分人，也不是智商最差的那一小部分人，而是位于两者之间的那部分人。林奇认为那些沉迷于抽象数字的专业人士往往被市场的实际走向所嘲笑。一个真正成功的股票投资者需要有能力在不完全信息下抵抗群体压力做出独立的决策。绝大多数的证券交易者都会在下判断的时候过于自信，在交易后极其不自信。这就好比赌徒一样，在下注的时候他们往往不加思量就认为自己能够算准牌局，但是一下注之后他们反而担心起来。每个交易者都有预测的喜好和盲目的自信，但是只有少数具有健全常识的投资者能够抵御这一诱惑。这些所谓的预测往往都是盲目的乐观或者盲目的悲观，在市场上涨的时候，交易者一方面受到市场目前涨势的影响，一方面受到周围交易者情绪的影响，往往会做出继续上涨的预测，而下跌时则会做出继续下跌的预测。而另外一些人则自命为逆向投资者，这些的投资并没根据价值投资的原则，而是盲目地反对主流，这类投资者看似独立，实际也是屈从于人类自大的天性。林奇认为那些肤浅的逆向投资者总是在别人左转的时候右转，这种做法非常危险，因为市场的运动在大多数情况下未必这么明显地违背大众的预期，而且这类所谓的逆向投资者几乎等待大众都开始接受逆向投资时才实施这类操作。当大多数人都在进行所谓的逆向操作的时候，这类操作还能被称为逆向操作吗？林奇为真正的逆向操作者下了一个定义：这类投资者会耐心等待市场的狂躁冷却下来，接着才在那些失去大众关注的个股上建立仓位，这类投资者并不会

与大众热情对着干。从林奇的定义可以看出，所谓的逆向投资者并不是方向上完全与大众相反，而是在热情上与大众相反，大众关注的股票往往引不起逆向投资者的重视。

林奇认为，一个逆向投资者最为关键的任务是约束感觉对操作的影响，只要公司质量没有什么变化就应该坚定地持有手中的股票。如果不能做到这一点，林奇建议还是放弃从事投资的想法，踏踏实实地进行事务性工作为妙。

价值投资者反对预测价格波动，但并不反对预测公司经营，而且还会利用安全空间来留有余地。

预测市场是很多基金经理和投资顾问以及证券分析师最热衷的事情，因为这可以充分展示自己的超凡卓越，满足虚荣心，最为重要的是人们只记得你说对的时候，却忘记你说错的时候。林奇每次发表公开演讲时，总是有听众希望林奇能够对后市的走势给出个人意见，对此林奇总是一笑置之，因为他明白企图预测市场不过是痴人说梦话而已，只能当作娱乐节目，不可当真。有时候，听众追问得很急，林奇没有办法只能半开玩笑地说："每次当我获得晋升机会的时候，证券市场就会翻云覆雨地大跌一场，仿佛是为价值投资者提供一次盛宴。"令人啼笑皆非的是，马上有人问林奇下次晋升是什么时候。林奇认为，预测市场的能力与赚钱的能力是两回事，就算市场真的是如预料一般上涨，也并不意味着你真能赚钱，因为你可能

在波段高点赚钱，而在波段低点忍不住平仓。再说，市场也就是两个方向，预测市场达到 50% 的胜率很容易，而要在此水平上提高，几乎没有几个长期成功的例子，所以不管格雷厄姆、巴菲特还是林奇都不敢轻言后市如何，倒是不少囊中羞涩的分析师和经纪人在大谈特谈明天是否会下跌。林奇打趣地说："如果真要具备预测市场的能力才能在市场赚取银子，那么我林奇应该一张钞票都赚不了，但现在的事实上我不仅赚了，而且很可观。"在几次美国股市的大跌中，林奇都没有及时退出，但是这些并没有影响林奇赚钱的能力，所以林奇对市场上那些追求预测能力的做法相当轻视。很多所谓的波浪理论大师和历法大师，总是经常发出预测，而这也许是他们总能有两三次预测准的原因吧。林奇与很多价值投资者一样，极其厌恶那些像占星术一样的技术分析，比如什么超买超卖、头肩型、涨跌比率，甚至连宏观经济计量指标也比较轻视。这并不是说明这些东西一点不管用，只是表明不依靠这些东西也能做得非常出色。而且价值投资大师们几乎都是依靠公司分析，在价格低于价值一定幅度的时候买入股票，通过这样的操作很多人取得了让有效市场论者瞠目结舌的成功。林奇像巴菲特一样坦率地承认利率和股票之间存在密切的关系，但是是否了解这种关系对于一个价值投资者而言并不是必须的，如果好公司最终受制于利率的变化，那么这就不是一家真正的好公司。无论利率如何变化，总是有很多公司能够继续经营下去，当货币政策宽松时，这些质量较佳的公司就会有更好的表现。价值投资者对这些宏观变量的看法非常明确，那就是与选择什么样的公司无关，只是一个提供进场机会的风向标之一。林奇不仅自己不会去做预测市场的事情，同样也嘲笑那些做这类预测的经济学家。**在美国有超过 10 万名的经济学家，其中超过 2/3 的人士都从事宏观经济学研究和预测，这些人当中有相当多的一部分受雇于各类机构从事货币政策和经济周期的预测，但是这些人做的预测实在糟糕。**林奇带着鄙夷的口吻说："如果这些人真的能够把这份工作做好，那么他们早早就退休了，去著名的度假中心悠闲地晒太阳，

经济学家与股票分析师是这个世界上最让人尴尬的职业，其中真正有水平的人风毛麟角。

钓鱼，喝酒，但是这些人中的绝大多数人都还在为了一笔丰厚的薪水而终日拼命，从这里就可以知道所谓的经济学家这样的专业人士在预测上也做得非常差劲。"林奇认为那些主流的经济学家往往在预测上表现最为糟糕，因为他们总是摆弄一些高深的数学模型，并不注重实践和理论的有效性，往往醉心于推导看似精密的数理理论和计量模型。这些经济学家就跟坐在办公室当中的基金经理一样，远离了现实，这就是主流的经济学和投资者的悲哀。当然，也有几位像林奇一样注重调查和实践的经济学家，这些经济学家的工作要做得好得多，他们放弃了那些主流经济学不中用的框架，转而到现实中寻求能够预测经济走势的指标，比如集装箱运输量、化肥产量、摩天大楼高度、人口结构变化、阶级结构变化、气候变化等。

对于股市循环论，以及历史循环论，林奇也非常藐视，他认为这并不是获取优势的办法。林奇认为不管历史如何，**人们往往都是为过去发生了的事情做准备，而不是为即将发生的事情做准备**。这种为历史重演做准备的做法只不过是为了弥补上次没有及时做好准备的过失心理而已。1987 年 10 月的大股灾使人们再次担心出现 1929 年类似的崩盘，结果并没有出现大多数人预料中的情况。技术分析当中有一条前提宣称："历史

会重复自己。"不过，很多技术分析大师又补充了一句："下一次情况永远不会和上一次一模一样。"但是人类的天性却很喜欢用上次灾难的处理办法来对付下一次灾难。军事心理学上有一条定律说：**"将军们总是在为上一场战争做准备。"**这就是人心的惯性，也许技术图形能够重复就是因为人心的惯性吧。林奇还认为玛雅文明的毁灭主要就是因为玛雅人的思维惯性。根据一些历史记载，玛雅文明一共遭受了四次毁灭，最后一次毁灭却让他们一蹶不振。第一次毁灭来自洪水，少数幸存的人在灾难过后迁移到了地势更好的密林中；结果第二次却发生了森林火灾，幸存的人于是从密林中搬了出来，他们在高山间的缝隙中修筑了石头房子；第三次灾难却以地震的形式发生，后果可想而知；经过这三次灾难之后玛雅人所剩无几，在第四次灾难中玛雅人犯了同样的思维惯性错误，这次玛雅文明彻底被毁灭了。林奇认为这种悲剧不仅在 2000 多年前的玛雅文明发生了，直到现在这类悲剧天天在金融市场上演。

　　林奇认为，我们不应该依靠那些学究来预测股票和经济，也不应该顺从人类的天性依靠过去机械地预测未来，那么应该依靠什么来大致给出一个有方向标的判断呢。林奇认为常识比精密的预测更为有效，无论是在

人是由历史塑造的！

经济形势判断还是股票大势判断上都是如此。预测和判断的关键区别在于预测大多绝对化和确定化，而判断则讲究概率，而且预测往往出自高深的模型和理论权威，而判断则往往基于常识和实际情况。为此，林奇提出了自己的酒会预测法用于股市预测。林奇说在酒会上总是会发觉一个有趣的现象。在股市刚开始上涨的时候，基本上股市还在从前期大跌中慢慢恢复中，这时候几乎没有人愿意在酒会上谈论股票，谈论股票的人会被大众认为是精神有问题。这时候与林奇聊天的人少之又少，就算是聊天也不会说到股票的份上。林奇为此阶段总结出了一个玩笑式的林奇酒会定律：**"在酒会上，如果10个人当中都找不到一个人愿意谈论股票，那么股市就要止跌回升了。"**接着股市上涨的第二阶段来临了，这时候人们中的那些先知先觉者开始与林奇交谈，不过大多是几句话，这时候股市大盘已经大致上涨了15%左右，但是人们往往并不当真。之后，第三阶段大盘继续上涨15%，这时候林奇成了酒会的热门人物，大家围着林奇追问应该买进哪只股票。经过几个月后股市的上涨来到第四个阶段，现在酒会上的人，个个都显得对股市的见识非同一般，争相相互推荐股票，甚至很多人会向林奇等职业人士推荐股票。林奇给出这一个判断股市走向的方法后反复强调，

巴菲特戳穿了股票的"面纱"！

这个东西只能作为参考，甚至只能当作笑话罢了，不要指望用这个理论去预测股市的走向。无论是巴菲特，还是林奇都一再强调预测市场是徒劳的，他们看重的是公司的质量，然后等待市场低估这些公司价值的时候买入其股份。

传统的价值投资者从来不会问未来的股市会如何，他们认为投资行为与市场无关。在这一点上林奇和巴菲特两位巨擘有惊人的相似，巴菲特坦言股票市场不在自己的关心范围之内，证券市场的存在仅仅是提供买卖公司的平台而已。

到了林奇投资经历更加丰富后，林奇承认自己也非常希望具有预测市场的能力，不过从他人的经历和自己的表现来看这都是可望而不可即的，所以他在自己的"能力范围"之内安心去寻找那些具有良好收益能力的公司。他告诫那些预测大盘的投资者们按照价值投资的方法就是在熊市中也能赚钱。格雷厄姆是四位大师中唯一遭受了 1929 年浩劫的人，但是无论股灾的哪个阶段，他都坚守自己的开创的价值投资理念，所以在最艰难的几年里，他逐步收复失地，渐渐挽回了大量的损失，并创造出丰厚的盈利。林奇认为担心股市好坏根本不在价值投资者的思考范围之内，这种担心永远无法通过预测来消除，因为预测通常有其局限性。林奇表达

大数据可以预测股市的涨跌吗？

了一个传统价值投资者对于预测的看法，也就是反对那种貌似精密的确定性预测，但是他并不反对有自知之明的概率性判断，而且他更加信赖那些来自常识的推断。无论是基于理论的预测还是基于常识的判断，林奇都不会将其作为买卖的依据，他认为股票买卖的唯一信号就是公司价值和股票价格之间的大幅度偏离。对于这类偏离，我们可以取得信息上的优势，而对于股市的走势我们很难，几乎不可能取得信息优势。下面我们来看看怎么获得前一类的信息优势。

五、如何获得信息优势

林奇强调的信息优势不是一个抽象的东西，这一优势完全可以通过具体的方式取得，林奇一共描述了八种方法，有种方法前面已经提到过好几次了，就是在日常生活和工作中去发觉那些销售量非常好的新公司。林奇坦言，虽然基金经理们缺乏机会去应用日常调查法，但是却很容易与上市公司的管理层进行交流，这是普通投资者无法做到的。林奇自己经常对各个上市公司进行实地考察，这些上市公司的董事会成员、管理层成员，以及有关的证券分析师都会笑脸相迎。同时林奇还会与同行交流，因为基金经理中也有一些具有真知灼见的人。如果林奇一段时间没有拜访某家上市公司，则此上市公司会主动来拜访林奇。这就是基金经理人在上市公司管理层和董事会眼中地位的体现。不过林奇认为普通投资者也能通过绝大多数渠道收集到足够的信息，从而形成他所谓的信息优势。而且从林奇的著述中，可以发现他一直强调业余投资者具有机构投资者不具备的优势，而这些优势大多可以转化为信息方面的优势。随着信息披露制度和监管法律的完善，中小投资者取得完善信息变得越来越方便了。小道消息是林奇排除在外的渠道，这类消息只能误导投资者对于公司基本面的看法。即使在那些监管存在问题的股市中，小道消息也并不可靠，因为这类信息通常无法查证其真实来源，很可能传到你耳朵的时候已经被失去效力了。这就好比一个牛态系统，在系统的末端往

往是一些中小投资者。但是，人类的天性就是喜欢打探小道消息，娱乐中的各类八卦新闻恰好符合了这一特点。股市中的小道消息越是玄乎也越是能够吸引个人投资者。但是需要注意的是，小道消息和直接从关键人物得到的内幕消息是两回事。不过，很多中小投资者却一直将那些小道消息误认为内幕消息，这种混淆将造成深远的负面影响。一方面，不规范的证券市场使真正的内幕交易获利甚丰；另一方面，中小投资者手中的小道消息却屡屡导致失误的买卖，这使中小投资者十分矛盾，总是认为自己掌握的内幕消息不灵，其实这是没有区分清楚小道消息和内幕消息。前者不过是一些非关键人物和非当事人告诉的来源不可查的消息，而后者则是来自关键人物和当事人的来源确凿的消息。随着美国证券市场监管体制的不断完善，内幕消息很难为人获得，即使机构投资者也很难获得这些东西，不过小道消息却具有永远的生命力。

林奇不相信小道消息，他采取了多达八种获取上市公司信息的方法，其中一种是林奇式闲逛法，而另外七种调查法，我们这里分别详述。

第一种方法是从你的经纪人处获取信息。这是一般投资者最为常用的信息获取途径之一，因为经纪人很多时候可以提炼一下

为什么喜欢打听小道消息和八卦内幕？一是可以逃避责任，二是可以娱乐自己，缓解生活的苦闷。

信息，并给予一定的买卖意见。通过证券经纪人可以省却不少精力，人类的偷懒天性使很多个人投资者都非常喜欢这一获取信息的方式。依赖证券经纪人获取信息还是其次的，大多数人是希望证券经纪人帮助他们做出决策。无论一个投资大师是属于技术派，还是基本面派，甚至指数化投资大师都极其反对那些寄生于经纪人大脑上的做法。无论你选择什么样的分析方式，无论你对什么金融品种进行投资，最为关键的一点是坚持独立做出判断。虽然，指数化投资和基金省却了个人投资者自己分析个股的烦恼，不过投资者仍然要为选择哪只基金而动脑袋。

经纪人分为两类：一类经纪人是折扣经纪人，这类经纪人几乎不提供买卖之外的任何服务，个人投资者需要自己分析和抉择。另一类经纪人是提供全方位服务的，从他们那里个人投资者可以获得所需要的很多信息。能够善用这些信息，是林奇认为的关键之处。**现在的证券经纪人不是一个好的买卖建议者，但是却是一个很好的信息提供者，**他们可以向你提供公司报告、研究机构评级、各类通讯、年报、季报以及新股的认购说明书等。他们也乐意为客户收集其他种类的信息，但是几乎很少有个人投资者利用这些优势。林奇反对投资者们将经纪人当作个人投资顾问，因为现在的大量事实都表明经

择人任势，不责于人。

纪人总是为了赚取更多的佣金而让客户频繁交易。频繁交易有两个严重的恶果：第一个恶果是支付了大量佣金，这笔费用相当客观，但是因为每次看起来较少，所以很多投资者不以为然，其实如果他们能够坐下来仔细计算一下总额，那肯定是非常可观的；第二个恶果是频繁交易会使交易者的情绪变得急躁不安，理性完全为感情所主导，君王让位于臣子，失去理性和节制的交易必定使交易绩效迅速恶化，特别是在连续盈利**和大幅度亏损之后**。很多短线交易系统之所以能够盈利，关键在于它可以进行机械式的交易，从而控制住交易者的情绪，但是任何类型的短线交易都不能回报交易费用的问题。巴菲特对此有深刻的见解，所以他的长期投资并不是一个，而是近乎一生。总之，个人投资者应该从经纪人那里获得来源明确的信息，而不是买卖的建议。

短线交易最大的弊端是对身心的伤害。

林奇给出的第二个了解上市公司信息的渠道是给上市公司的关键人士打电话。林奇总是倾向于收集活生生的证据和信息，所以与上市公司的亲密接触是他投资方法的一个特色，打电话是其中一个渠道。机构投资者给上市公司打电话是非常平常的事情，而个人投资者却很少有人这样去做。个人投资者完全可以向上市公司负责接待投资人的部门打电话询问自己关心的问题。通常情况下，

上市公司都会在这个部门安排那些善于应酬、态度和蔼的员工。但是，也有些负责接待工作的人员对于中小投资者并不耐烦，遇到这种情况林奇建议投资者可以把自己说成是一个持股不少而且正考虑是否加买的富有投资者。在询问相关问题前，最好能够做必要的准备，先写下自己需要搞清楚的问题以及在询问要达到的总的目标。对于股票涨跌本身不应该花费口舌，比如询问"为什么你们公司的股票跌这么凶"？这对于一个价值投资者而言毫无用处。了解该公司的收益情况是一个非常好的目标，通常需要了解的是预期收益，因为历史收益都在财务报表上，我们需要了解的是报表上没有的东西或者没有说清楚的东西。但是，公司的收益是非常难预测的，不过那些拥有市场性专利和广大成长空间的企业要容易判断一些。这些企业拥有很大的成长空间，同时其市场性专利又阻止了竞争者侵蚀利基，所以这类企业的高成长性通常都能维持。那些拥有市场性专利而且未来市场空间确定的公司较容易做出判断，这也是利用了巴菲特"能力范围"的法则来指导公司分析。林奇还建议投资者可以探测下公司对未来前景的看法，当然投资者不需要完全怀疑和完全相信得到的结果，因为投资者需要将不同渠道得到的消息进行有效的整合才能得出较为准确和真实的结论。

上医治国，治未病之病。中医治人，治欲病之病。下医治病，治已病之病。

兼听则明，偏听则暗。中医也讲求四诊综合研判啊。无论是治国的政治，还是治人的医学都讲究一个立体观察，金融投资概莫能外。如果一个投资者能够事先有所思考，然后再针对不明白的地方提问则更好。如果你对公司不是很清楚，那么可以询问决定公司未来发展的关键因素和条件，在此基础上进行深入交流，相信个人投资者会得到更多的信息。大部分公司还是会谦虚地强调自身存在的问题，比如竞争日益激烈，成本增加了，而利润率却下降了。交流到最后，投资者最好做一个总结，比如公司面临的有利条件有几个，不利条件有几个，然后再次请求对方确认，并同时查看对方的反应。通常情形下，你得到的信息只是证实了你沟通之前的结论，不过也有很大的可能修正此结论。林奇统计了自己电话交流的结果，他发现一般而言，每 10 个电话就有 1 个可以得到非同一般的信息。当然，一般功底不深厚的投资者还需要更多的努力才能发现意外的收获。

电话交流并没有为很多个人投资者所采取，他们宁可相信小道消息和新闻，也不愿意亲自打电话了解情况，通过电话投资者至少可以证实一些先前的想法。通过不断地综合各个渠道的信息，再加上不断的求证，这样投资者就具备了较强的消息优势，而这可以为投资者带来所谓的 α 收益。电话交流能够更为及时和方便地为投资者求证一些东西，同时电话交流也使投资者能够较为自主地掌控投资过程。很多价值投资者都居于穷乡僻壤之处，要进行及时的面谈存在不便，而电话则是一个非常便捷和及时的方式。像菲利普·费雪之子肯尼斯·费雪就是其中的典范，父子两人都是股票投资界的巨擘。父亲著有《普通股，不普通的利润》，儿子著有《超级强势股》，小费雪的公司就在一个偏僻的郊区，他通常通过报表和电话来了解公司。

一般而言，正常经营的公司都会坦诚地与投资者进行交流，因为它们没有必要遮遮掩掩，这时候说谎对它们只有害处，没有好处。季报、中报和年报会将这些公司的情况一览无余。在前面的"避免陷阱"法则

中，我们知道了洞悉财务报表漏洞的办法，通常可以查看销售额和应收账款，以及现金流状况，对于反复出现的非经常项目要特别留意。正因为有投资者能够通过报表发觉公司的问题，所以那些经营正常的公司没有必要去遮盖一些什么，这样做只能得不偿失。林奇认为，公司负责接待投资者的部门通常而言无意说谎，这应该归功于美国的上市公司信息披露制度和监管制度，随着中国内地上市公司监管制度的完善，个人投资者能够更好地取得相关的信息。林奇认为投资者给公司的有关部门打电话时，完全可以得到真实的信息，虽然不同的公司在告知信息时会采用不同的措辞，但这并不影响你的分析结论，无论他们对事实如何解释，总之事实就是那样，剩下的结论应该由你的分析得出，而非根据他们的解释。林奇根据自己的电话交流经验得出了一个规律：**那些位于低速成长行业的公司总是对前途不那么看好，而那些位于高速成长行业的公司则总是将前途看得太好**，所以投资者在听取意见的时候要考虑到所处行业带来的影响，**虽然冷门行业总体不那么看好，但是这往往是超级牛股诞生的地方**。林奇认为，纺织业属于那些冷门行业，这些公司人士经常倾向于告诉投资者他们的经营状况在业内已经算好的了，整个行业都比较糟糕，而林奇则认为冷门行业更容

立场决定观点。

易产生真正的好公司。相比较之下，高科技公司则算得上是所谓的热门行业，位于这些行业的公司总是告诉投资者他们的前景如何宽广，但是其很少能够给出自己的优势，他们总是激情地描述行业前景，却忽视了是否具有竞争壁垒可以阻挡后来者。林奇嘲笑那些乐观的高科技公司人士，他们总是向林奇描述这个行业如何好，这个公司在他们的描述下似乎从来没有出现过严重的亏损。林奇认为高科技业，特别是软件行业面临着竞争激烈的问题，怎么可能像这些人说得那么好。林奇认为投资者应该避免在公司接待人员的形容词上花费精力，需要注意的是数据和事实。世界级的公司治理专家——郎咸平书写了中国式企业案例的新篇章，他就是通过数据和事实来理解公司的运作和绩效优劣，这与巴菲特、林奇等价值投资大师的方法如出一辙。有兴趣的读者不妨将郎咸平的几本案例与林奇的书和巴菲特的年报比照起来看，必然有另外一番滋味。

郎咸平对于宏观经济并不在行，但是却喜欢在这方面发表长篇大论。

除了打电话给上市公司之外，投资者还可以拜访上市公司的总部。当然，要想得到较高的待遇，那么投资者应该持有数量客观的股份。不过，如果一家公司对于一个小股东也非常善待的话，那么这家公司也不会太差，因为这家公司的管理者从细节上表现出了对股东的责任。林奇非常喜欢做旅行时的

拜访，也许这就是生活投资法的无穷魅力所在吧。对于那些离投资者较近的公司，林奇认为投资者可以经常按照需要拜访，而对于距离较远的上市公司，投资者则可以在自己带薪休假的时候按照一定顺序拜访。林奇拜访一家上市公司的时候，主要是寻找一些特别的证据，这些东西财务报表和电话交谈中是绝对无法发觉的。有一次他顺道拜访 Taco Bell 公司的总部，令他非常吃惊的是这家公司的财务状况非常良好，但是办公室却在一个保龄球场后面的狭小空间中。林奇认为这是管理层节约不必要开支的表现，随即林奇给公司增加了几分评价。**无论是林奇还是巴菲特都认为管理层应该善用资源，对于股东的资本要节约使用，对于那些谨慎使用资本的公司，巴菲特和林奇都大加赞赏。**

林奇在拜访上市公司的时候最喜欢问的第一个问题是："上一次机构投资者和分析师拜访贵公司是什么时候？"如果得到的回答是两年甚至更久，则林奇会认为这家公司很可能是潜在的超级大牛股化身。林奇当年拜访 Meridian 银行的总部时就询问了这一问题，在拜访前林奇仔细查看了该公司的报表，他发现这家银行 20 多年来不停保持收益增长，但是此时得到的回答却是已经有很长一段时间没有机构投资者拜访了。林奇获得这一消息后欣喜若狂，他认定这是一家被严重低估了的公司。林奇接触了太多这样的机会，这些都是林奇管理的基金能够创造全球第一神话的原因。

上面讲述了投资者拜访上市公司的高级管理人员的注意事项。其实，除了拜访上市公司的管理人员之外，拜访公司的投资者关系部门也是了解公司情况的一个重要途径。对于某家公司的投资者关系部门可以通过打电话、亲自拜访或者参加年度股东大会时交流等方式进行信息获取。林奇认为利用年度股东大会与公司的投资者关系部门接触是非常好的方式，但是很多投资者却并不重视这一方式。林奇在与上市公司的投资者关系部门接触的时候非常注意这些人士持有的公司资产，他好几次都发现由于公司的股价高得离谱使一个普通的接待人员也可以身价暴增。对

于那些因为持有公司股票而身价巨大的公司人员，林奇总是随时关注，看看是不是由于股价暴涨才引起的。林奇认为，这类直观的结论无法定量化地验证但是确实非常重要，因为他无数次凭借这一本领远离陷阱。下面我们就来看看其中一个典型的例子吧。

林奇有一次与 Tandon 公司的投资者事务代表交谈后发现这位代表持有的该公司的股票和股票期权竟然高得吓人，当时该公司的市盈率非常高，林奇觉得一个投资关系代表手中的股份都这么值钱，而这个代表并没有产生相应的收益，就整个公司来看情况更是如此。所以林奇当机立断地卖出了这家公司的股票。

林奇采用的第五种办法是进行实地调研，这种实地考察其实就是闲逛法，比如去某家公司产品的销售现场看看。但是，林奇在这里的方法主要是通过自己的亲属和朋友的购物经历来推断公司的情况，与亲自闲逛选股的方法是两种方法。我们主要是描述前者。林奇曾经从朋友那里听到过玩具反斗城的这家公司，于是他决定亲自去调查一下这家公司的销售状况。他抽空去了一些离自己最近的一家玩具反斗城分店，亲眼所见使林奇确信这家公司的销售水平绝非徒有虚名。他当时甚至与几位店中闲逛的顾客进行了程度或深或浅的交流，他发现几乎来过的客户都说以后还会来。

林奇在买入 La Quinta 这家上市公司的股票前，还专门到该公司下属的三家不同的连锁旅店中各住了一晚，从中他判断了该公司服务的真实质量，由此可以推断该公司未来可能的成长速度。**无论林奇买卖哪家公司的股票，他都会尽量采取直接消费的办法来验证这些公司的产品到底在消费者心中留下了的什么样的印象**。林奇认为通过打电话交流，与公司人员面对面交谈，并且实际参与该公司产品的销售，最后从财务报表上理性分析这家公司，我们就可以得到一个比较综合的看法，这就是林奇一直坚持的"信息优势"法则。

林奇对于这类方法非常热衷，他曾经进入了 Pep Boys 的汽车配件店，

从销售能力极强的店员身上，他看到了亮点；他在苹果电脑股价大跌的时候，发觉身边的亲属和自己公司的人却仍旧大量消费苹果电脑，从中他看到苹果电脑公司并未处于真正的绝境。林奇这种非同一般的消费者角色扮演法使他更为了解公司的销售情况，从中我们看到一个完整的分析链条，这就是"真实的销售场景—销售额—现金流—利润—公司管理层状况"。而巴菲特则在此之上加入了"市场性专利"的判断，林奇本人则看重成长性。所有这些对价值投资者而言都是一体的，并行不悖的选股标准。对于消费者角色扮演法林奇提供了另外一条有价值的经验：一个国家各个地方的相似性越强，市场机制在整个国家越强有力，则在一个地区受欢迎的产品也一定能够在另外的地方受到消费者的青睐，所以林奇认为小规模的消费抽样调查应该有用。

　　林奇介绍的第六种获取信息的渠道是通过阅读上市公司的财务报表，这包括年报、中报和季报等。林奇认为，报表中正文部分往往没有数字和注释有用，他通常只有几分钟便可以阅读完一份报表，他总是看那些非常关键的部分，比如是否存在很多的一次性项目，是否现金流出现问题，应收账款的情况如何，利润的增长与销售额是否同步等，对于那些注释他也非常重视，因为这里面通

价值投资的财务分析已经有太多的书籍介绍了，对于商业本身却很少有价值投资的专著来详述的，这就为真正的价值投资者提供了非理性的对手盘。

常反映了公司对利润是否采用了过多的会计手法。另外，林奇对于总体的资产负债情况非常在乎，因为这是一个公司运用稳健度的标志，如果债务相对于流动资产而言太多，那么这绝不是一个好兆头。通常林奇比较关心下列财务指标：市盈率、现金头寸、红利、销售额。

林奇推荐的最后一种方法是利用发达的互联网资源。在林奇作为基金经理的那个时候，互联网资源非常贫乏，所以林奇当时的信息渠道集中于其他几种。不过林奇后来退休的时候开始注意到互联网的重要性，这里简直就是一个宝库，可以通过强大的搜索引擎发觉各种需要的信息，这些信息散布于BBS、公司网站、各类正式及非正式的资讯网站，甚至还可以利用一些电子地图来了解公司的情况。你可以通过即时聊天软件与全国各地的聊友交换当地公司的信息，交换关于某种产品的消费信息。这就是一个巨大的宝库，有待"林奇"第二来开发。

我们已经介绍完了林奇所采用的收集信息的方法，每一种方法都有一定的局限性，但也有一定的优势。消费者角色扮演可以知道一个公司的销售状况和客户满意度，但是对于公司的利润率却需要从财务报表上查看；拜访公司的高层可以得到很多战略性的意见，不过只有结合财务报表才能知道这些战略究竟如何，同时要通过消费者角色扮演才知道这些战略的具体展开如何。总之，**林奇很偏好那些"象、数、理"结合的方法，也就是通过消费者角色扮演得到一些具体的信息，这些信息有个特征就是直观和形象的，同时通过电话和面谈了解公司的战略和经营状况，这类信息关乎一些理性的东西，最后要在财务报表上通过数字印证前面得到的"象"和"理"。**只有将具体的场景，抽象的经营理念和战略与精确化的数字结合起来才能得到一个公司的全貌。无论是格雷厄姆、巴菲特、索罗斯还是林奇，他们都坚持将数字与直观场景结合起来，加以理性推导，这样的立体性价值投资体系可以创造更大的辉煌。

通常而言，个人投资者更具备直观信息的优势，他们可以有大把的时间光顾一些公司的服务和产品，而机构投资者则具备抽象的信息优势，

这些人可以很容易受到公司上层的接待，同时容易获得大量的财务资料和数据统计，并且具备专业的知识来弄懂期间的复杂联系。不过，林奇认为无论是什么投资者，都应该将具体和抽象的信息综合起来，只有这样才能得到一个"信息优势"。获得了信息优势，价值投资者将无往不胜。

（本文摘编自《投资巨擘的圭臬：价值投资的谱系与四大圣手之道》）

附录二

格局：原油的二重属性

人们在解决问题的时候往往会忽略掉开始时最关键的步骤：问正确的问题以及分离出问题涉及的不同利益群体。

——布鲁斯·B. 梅期奎塔（Bruce B. Mesquita）

理性的交易者会同时关注自己和市场，心智状态是"操作系统"和"内格局"，而市场则是"外格局"，是我们参与的博弈格局（见附图 2-1）。

格局和对手谁更重要?

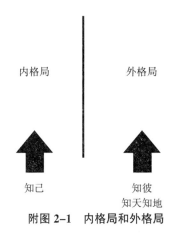

内格局　　　　　外格局

知己　　　知彼
　　　　知天知地

附图 2-1　内格局和外格局

原油期货价格对现货价格起着引导，甚至主导作用，因此没有所谓纯粹的现货交易者。最近几年中国大陆出现了不少所谓的原油现货交易平台，要么是打"擦边球"，要么是金融诈骗。在国际市场上，原油涉及的

高盛集团 2008 年 5 月 6 日发布研究报告预测，国际市场原油价格有可能在未来半年到两年时间里飙升至每桶 150~200 美元。2015 年第四季度，高盛预测 2016 年油价将跌到 20 美元，你去看下历史走势。高盛发布公开报告的人与自营盘的人究竟有没有瓜葛，这个真不好说。

主要金融产品还是标准合约的原油期货，围绕这一标的出现了很多衍生品，但是决定国际原油价格走势的还是期货。

把原油期货搞懂了，其他原油衍生品也容易搞懂，谁是主，谁是从，要搞清楚，越是大的玩家，越会选择参与原油期货，而不是什么原油衍生品市场。2008 年中国几家航空公司因为参与场外的原油衍生品交易而损失惨重（见附图 2-2 和附图 2-3），就是因为没有搞清楚格局问题，因为场外交易大多存在对赌性质，而且无法获得定价权，衍生品卖出方可以通过在原油期货市场的运作来"坑害"对方。

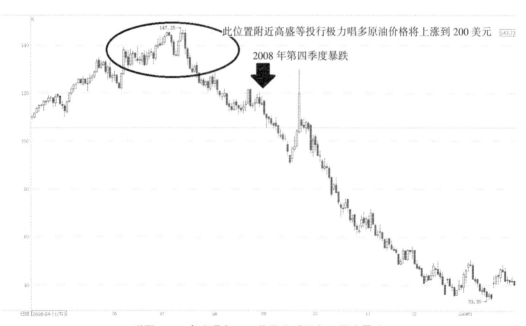

附图 2-2　高盛唱多 200 美元之后不久，原油暴跌

资料来源：博易大师。

全球各主要航空公司 2008 年年报对比：

名称	亏损总额	主营亏损额	占比	套保亏损额	占比
中国东方航空	139.28 亿元	75.27 亿元	54%	64.01 亿元	46%
中国国际航空	91.49 亿元	16.77 亿元	18%	74.72 亿元	82%
香港国泰航空	87.6 亿港元	79.29 亿港元	90.51%	8.31 亿港元	9.48%
奥地利航空	4.2 亿欧元	3.121 亿欧元	74.3%	0.47 亿欧元	11.19%
德国汉莎航空公司	盈利 12.23 亿欧元	盈利 13.83 亿欧元		1.6 亿欧元	
美国达美航空	8.964 亿美元	8.314 亿美元	92.75%	0.65 亿美元	7.25%
美国西南航空				盈利	
美国航空				盈利	
英国航空				盈利	
澳洲航空				盈利	
新加坡航空				盈利	

附图 2-3 全球各主要航空公司 2008 年盈亏情况截图

资料来源：国际航空运输协会；主要航空公司年报；金石期货；高岩。

中国三大航空公司和高盛对赌高峰期是 2007~2009 年，本想对冲油价波动风险套期保值，但忽视高盛同时是国际原油期货的重量级玩家，结果都以惨输收场。东方航空公司 2009 年更因为对赌大败（见附图 2-4 和附图 2-5），导致公司董事长总经理集体换人。

如何搞懂原油期货？这个问题看清来简单，但恐怕很少有人问过自己，更不用说去认真地思考和解答这个问题。我们不是化工和原油上的产业链专家，因此我们的重点是搞清楚原油价格波动的决定性因素。多年来的交易实践告诉我们——原油的二重属性是分析和预判其价格趋势的关键（见附图 2-6）。

2005 年夏天的时候认识上海某个财经日报的记者 L 君，他刚大学毕业不久，金融专业出身的他虽然身在媒体行业但是对金融交易本身非常感兴趣，那时上海黄金交易所好像处于筹办阶段，但是他已经迫不及待地通过伦敦市场参与国际黄金的买卖。

同时，他也感到原油与经济周期的关系更加密切，所以也时不时地参与国际原油期货的买卖。虽然他是小打小闹类型，但是也做得十分认

模拟的东航高盛 OTC 组合期权合约：

		高盛集团
看跌期权多头/看涨期权（2）空头/看涨期权（1）多头		高盛集团
看跌期权空头/看涨期权（2）多头/看涨期权（1）空头		东方航空
看涨期权（1）行权价格：	200 美元/桶	
看涨期权（2）行权价格：	150 美元/桶	
看跌期权行权价格：	62.35 美元/桶	
数量：	看跌期权：315000 桶（不准确数）	
	看涨期权（1）：315000 桶（不准确数）	
	看涨期权（2）：85000 桶（不准确数）	
交割期限：	2009~2011 年的某月	
基准价格	纽约商交所该月轻质原油期货交割平均价	

注：付款日为交割后的 5 个交易日内。

1. 如果基准价格高于看涨期权 1 的行权价，则东航将给付高盛价格差额部分（市场价格-200 美元/桶）乘以看涨期权 1 的数量。
2. 如果基准价格介于看涨期权 1 和 2 的行权价之间，则高盛将给付东航价格差额部分（市场价-200 美元/桶）乘以看涨期权 2 的数量。
3. 如果基准价格介于看涨期权 2 与看跌期权之间，双方无现金流交换。
4. 如果基准价格低于看跌期权的行权价，则东航将给付高盛价格差额部分（62.35 美元/桶-市场价）乘以看跌期权的数量。

附图 2-4　模拟的东航场外组合期权合约截图

资料来源：金石期货；高岩。

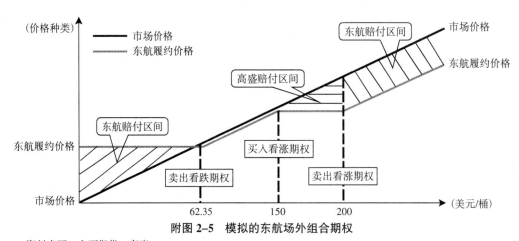

附图 2-5　模拟的东航场外组合期权

资料来源：金石期货；高岩。

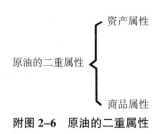

附图 2-6　原油的二重属性

真，时不时会和我电话沟通，经常一次聊上一两个小时。那时候我做外汇比较多，负责离岸对冲基金的外汇交易为主，但是像加元、英镑和日元还是与原油价格有密切关系的，所以也比较关注原油走势。在这样的交流和学习当中，我逐渐形成了原油期货的系统分析框架，并且不断完善。

2005 年之前，我对原油的分析还停留在一些局部因素上，比如美国汽油和取暖油消费的季节性规律，中东的地缘政治等，那几年才开始逐渐关注中国经济对原油市场的巨大影响。直到 2014 年秋季在贝加尔湖的利斯特维扬卡小住几日时才意识到核心是什么，十来年积攒和完善的各类工具和理论最终浮现出了一个统一的框架。

2015 年初开始，除了收市后的复盘和阅读研报之外，我往往会留出两三个小时的时间整理下这么多年来形成的一些文字材料，并且会对此前正式出版的书籍进行修改和完善，将新的经验和教训纳入其中。在这个过程中，我最终形成了对原油期货分析和交易的框架，而且随着资金规模增加我也开始降低杠杆，通过降低仓位来降低杠杆。

常年复盘的结晶就是这本讲义，或者说是操作手册。

多年之前给交易员做培训的时候，我注重原油供需和技术走势的分析，以及仓位的管理，但最近几年我已经开始围绕原油的二重属性来引导初级交易员理解原油市场。理

论框架的建立和最新的实践都是围绕原油的二重属性展开的。

上述就是我从注重原油供需和技术走势上升到基于原油的二重属性观察一切波动的心路历程。L君曾经跟我说打算进入上海黄金交易所，后来大家因为工作繁忙的缘故也逐渐失去了联系，但是与他的谈话确实打开了我对原油深入研究的大门。今天，任何负责任的交易员和交易员导师都会认同一点——只有对单个品种的理解做到极致才能真正在市场上取胜，无论你是什么类型的交易者。

要想在原油市场上攫取利润，必然要具有相对优势，你比其他玩家更厉害吗？厉害在什么地方？撇开那些过于抽象和空洞的老话，就自己的经验和对周围成功交易者的观察而言，能不能从根本上吃透一个品种的方方面面是真正的关键。

技术分析水平的高低绝不是区分高手与低手的关键，这点我可以拍着胸脯向你保证。无论是郑商所的炒单高手，还是江浙一带的趋势交易大户，都不是纯粹的技术指标粉丝。

从根本上吃透原油的方方面面，什么是原油的根子？那就是原油的二重属性。原油的第一重属性是商品属性，这是大家最熟悉的。原油的第二重属性是资产属性，这是大

房地产也是有二重以上属性的，你搞清楚了吗？某些专家总是在房地产问题上走眼，就是忽略了多重属性。同理，如果你忽略了原油的二重属性，也会看走眼。

家这十来年，特别是"9·11"之后随着美联储货币政策不断"超常规"发挥而清晰的。科索沃战争之后，美国连续打了几次大战，黄金与美元的关系逐渐清晰起来，在这个过程中，黄金的三重属性也被我提了出来。在同样的时期内，由于中国加入 WTO 后不断占据国际贸易的更大份额，出口激增，对原油的进口需要也在激增，自然这就是原油的商品属性。另外，由于美国连年用兵，双赤字扩大，美元的信用降低，加上美联储不断宽松，这就使原油的资产属性开始显现（见附图 2-7）。

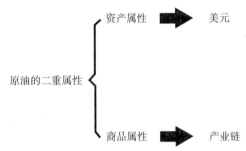

附图 2-7　原油的二重属性与美元以及产业链的映射关系

国际原油价格主要是布伦特价格和 WTI 价格两个标准，我们要分析和预判的就是这两者的未来趋势。要看清楚未来的趋势，第一是分析原油的商品属性，这决定了原油的中级别趋势，第二是分析原油的资产属性，这决定了原油的大级别趋势（见附图 2-8）。

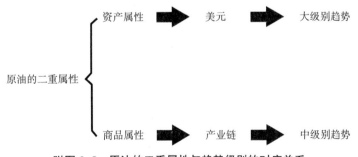

附图 2-8　原油的二重属性与趋势级别的对应关系

原油的资产属性与美元走势关系密切，美元作为国际货币其实是美国国家信用的体现，美国国力强弱，美国的避险地位和货币政策都决定

战争也是一门生意，但往往是赔本的生意，国家做了赔本的生意，在"生意场"上的信誉度肯定大幅下降，那么打出来的白条也会贬值。可以去看下美元购买力和美元指数两者的走势与美国发动战争之间的关系。

了美元的强弱。原油的资产属性主要从美元角度分析，而分析美元则主要从主权信用、经济周期和信贷周期的角度去剖析（见附图2-9）。

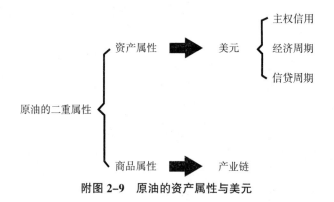

附图 2-9　原油的资产属性与美元

原油的商品属性主要与原油产业链关系密切，产业链可以简单地分为上游的供给、中游的库存、下游的需求（见附图2-10）。

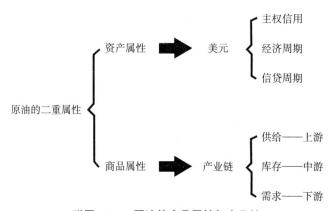

附图 2-10　原油的商品属性与产业链

产业链上游如何去分析？比如 Rig Count 数据，油田投资数据，三个海湾地区的国内政治和国际政治，产油区和炼厂的天气，生产成本和利率润，供给衰竭点，产油国的财政状况，原油公司资产负债表状况，新能源发展，等等。其中每一个项目下面又有很多子项目，比如产油国的国内政治又涉及内战，动乱和罢工，以及利益集团分析，等等（见附图 2-11）。

美国三大利益集团你知道吗？军火商利益集团、原油商利益集团、华尔街-犹太人利益集团。军火商利益集团的代表力量有洛克希德·马丁、波音、雷神、通用动力、Northrop、Gmnnan、Corp、联合科技企业、TWR。美国十大财团中就有五大财团涉及军火领域（如第一花旗银行财团、杜邦财团、梅隆财团、得克萨斯财团、加利福尼亚财团），大发战争财。

产业链

上游　　　　　　中游　　　　　　下游

1. Rig Count/油田投资
2. 三湾地缘政治
3. 产油国国内政治
4. 产油和炼油地区天气
5. 生产成本/利润率
6. 油企资产负债表
7. 新能源发展
......

附图 2-11　原油产业链上游

产业链中游分析的主要指标主要包括裂解价差、API 库存、EIA 库存、库欣库存、布—德价差、陆地管道和海上运输状况，等等（见附图 2-12）。

产业链下游分析的主要指标包括大国汽车销量，"经合组织"（OECD）领先指标，中国工业增加值，印度工业增加值，重要经

济体所处的经济阶段，原油消费季节性，等等（见附图 2-13）。

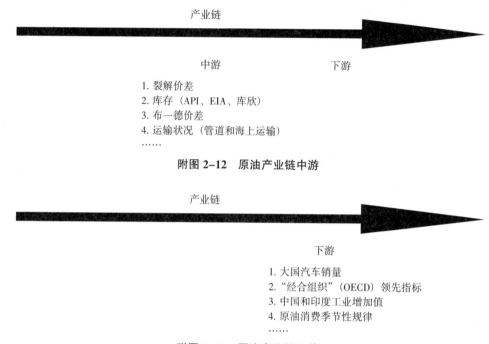

附图 2-12 原油产业链中游

附图 2-13 原油产业链下游

为什么没有供需分析？其实，供需分析属于芝加哥学派的风格，我更倾向于从经济过程来分析问题，因此产业链是更好的剖析和预判工具。产业链就是一个格局，产业链的上游可以看成是供给，下游可以看成是需求，当然这只是为了让你好理解，真正的供给和需求发生在产业链的每一个环节（见附图 2-14）。

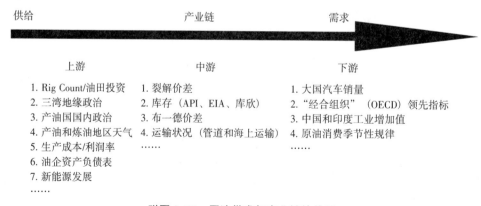

附图 2-14 原油供求与产业链的关系

原油的资产属性基于美元来分析，原油的商品属性基于产业链来分析，这对于分析师可能是足够了，但是对于交易者而言，特别是投机客而言，远远不够，因为二重属性只是属性驱动分析的环节，这只不过是分析了格局而已，我们还要分析玩家，这就需要心理分析登场了。

原油的心理分析对象和工具有哪些呢？比如 COT 报告，共识预期，原油期权，风险情绪，市场间分析/资金流动，基差，等等（见附图 2-15）。

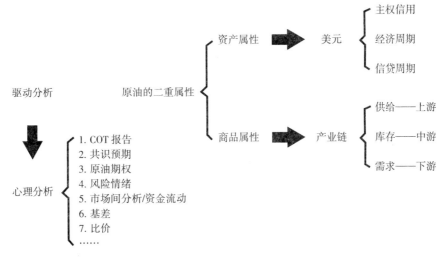

附图 2-15　原油的心理分析对象和工具

至于与技术分析相关的内容主要包括势、位、态（见附图 2-16）。可以给大家交个底，技术分析在交易中的价值贡献比重应该不会超过25%。2009 年长沙的一个聚会当中，当时有不少投机高手和投资高手，有的做股票，有的做期货，十几个人一致都认为驱动分析和心理分析比纯粹地看图表有用。当然，你或许也不这么认为，很好！有自己的独立见解，那就至少花一年时间按照纯技术分析的那套去实践一下。

如果你计划按照本指南的脉络去展开自己的学习和实践，需要我给你一些建议。很好！不过你也不能盲从，这只是我个人经验的总结，也只是我个人分析和交易原油的指南，你可以在此基础上发展出符合自己特点和需要的更好框架，也可以另起炉灶。当然，如果你借鉴了我的东西和框架，也务必注明。

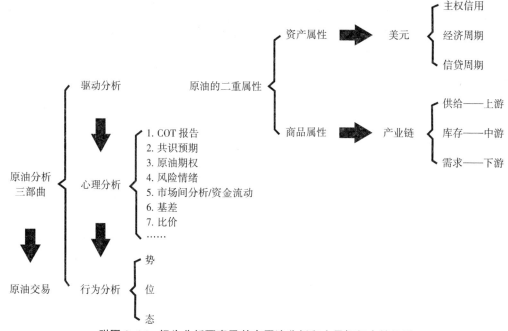

附图 2-16　行为分析要素及其在原油分析和交易框架中的位置

我要给那些抱着空杯心态来学习这本教程的人如下建议：

第一，牢牢抓住美元和产业链这两个具体核心，没事就琢磨。大家知道开国元帅当中打仗最厉害的那位吗？他有一个习惯，那就是一天到晚都在琢磨墙上的地图，搬个凳子坐在地图前面不断琢磨。你要想成为一个一流的原油交易者也应该有这样的劲头，沉下心去，将格局揣摩透。

第二，交易不仅仅是研究格局，你还得搞清楚其他玩家的想法和动向，这点是绝大多数人所忽略的。做多的人怎么想的？做空的人怎么想的？最普遍的想法是什么？市场共识预期是什么？库存显著下降了，为什么

日记是最好的老师，下水才能学会游泳。

原油价格不涨？等等，诸如此类的问题。技术分析是琢磨越多，越是没底，基本分析和心理分析则往往相反。技术分析是必需的，但是不能贪多。

第三，看书还不够，实践也不够，你应该写日记，这样才能提高。日记是最好的老师，这个不是套话，试了就知道。这本书的目的是抛砖引玉，日记可能就是那块玉。